Edilson Marçal de Souza

ευαγγελιον
αγγελος
αγγελιοφορος

*ev*angelismo

Evangelizadores: mensageiros de pés formosos

Editora 3E
Anápolis - GO, 2019

Título original
Evangelismo

Redação:
Edilson Marçal de Souza

Revisão:
Ereni Rosa Mendonça Marçal

Diagramação e Arte Final:
Edilson Marçal de Souza

Edição:
Editora 3E

Editora 3E
Anápolis - GO, 2019

S729a SOUZA, Edilson Marçal de.
Evangelismo / Edilson Marçal de Souza. Anápolis: Editora 3E.
2019.
110 p.

ISBN: 978-65-80439-00-3

1. Teologia. 2. Eclesiologia. 3. Missiologia.

CDD: 283.25
CDU: 200.230.260

Deus tem uma missão para a igreja: pregar o Evangelho a toda criatura. Portanto, evangelizar é cumprir a *Missio Dei*. Não se trata de uma ordem dirigida somente a uma classe de pessoas, mas sim a todo crente.

Quando uma pessoa é impactada pela ação da graça salvífica de Deus, a primeira coisa que lhe vem à mente é o desejo de compartilhar com o máximo de pessoas sua descoberta, como fez a mulher samaritana: entrar correndo na cidade a enunciar a todos que teve um encontro com Jesus.

Mas, o que anunciar? Como anunciar? Onde? De que forma? Nesse conjunto de textos abordamos a necessidade e oportunidade de pregar o evangelho. Recorrendo às origens, pode-se perceber que cabe a todo crente a função angelical de levar boas novas de salvação aos que estão perdidos, sem Jesus.

Cada crente é um mensageiro. A mensagem é simples e intuitiva: deixar brilhar diante de outros o efeito da graça de Deus em sua vida. A boa nova a ser anunciada é que Deus amou o mundo ao ponto de enviar seu Filho, e todo que nele crê tem a salvação.

Quão belos são os pés dos evangelizadores. Quem traz boas notícias é sempre recebido com festa. Em muitos momentos a Bíblia apresenta a importância de brilhar, influenciar, anunciar, ensinar, corrigir as pessoas que estão ao nosso redor.

O comissionamento universal de Jesus faz de cada crente um ἄγγελος (anjo, anunciador, proclamador) do evangelho. Portanto, há uma mensagem de Deus dirigida a cada crente: seja um mensageiro das boas novas de salvação em todos os lugares, em todas as oportunidades.

Pr. Edilson Marçal

A grande novidade revelada de cima para baixo e à disposição de todo o universo é a *missio Dei* em que o corpo de Cristo como um todo e cada membro individual estão engajados em uma grande tarefa que se inicia com a própria trindade divina com vistas à salvação de todo aquele que vir a crer.

Nesse sentido, a missão como obra de Deus requer uma igreja dinâmica e com paixão pelas almas. Dinâmica porque terá o desafio de ser relevante aos costumes e culturas mais diversos presentes na sociedade atual. E apaixonada pelo ser humano porque terá de ser paciente e saber elaborar seu discurso dirigido tanto à comunidade quanto à individualidade.

No que tange ao evangelismo propriamente dito, o cristão sempre terá a maravilhosa tarefa de ser pescador de homens, como também de ser maduro para entender o equilíbrio entre a evangelização e a soberania de Deus.

A igreja precisa sair de seu espaço intermuros e ir até as pessoas com a mensagem de salvação. Não pode contentar-se com o conforto do templo, ignorando aqueles que nem mesmo têm forças para ir até onde ocorrem as reuniões de adoração.

Por isso é necessário que este livro seja lido e entendido como um recado para ganhadores de almas a fim de que todo homem e mulher convertidos sejam exímios conquistadores de vidas para

Cristo, o que na maioria das vezes exige apenas que cada um seja simplesmente cristão.

Pr. Davilson J. de Araújo

O SENHORIO DE CRISTO

Submeter-se ao senhorio de Cristo é o que chamamos de conversão. Isso implica em viver e fazer o que Ele ordenou. Dentre suas várias ordenanças, encontramos a grande comissão, uma de suas últimas palavras, antes de ser assunto aos céus: "Ide por todo mundo e pregai o Evangelho a toda criatura", Mc. 16.15.

Essa é a grande tarefa dos discípulos de Jesus. O cristianismo só avançou ultrapassando continentes e chegando até nós porque homens e mulheres não mediram esforços, alguns dando a própria vida, a fim de obedecer à ordenança do Mestre. Os primeiros cristãos, entre eles os apóstolos, encaravam a pregação do evangelho não somente como uma responsabilidade, mas também como motivo de alegria. Paulo, ao mesmo tempo em que dizia "ai de mim se não pregar...", citava o profeta Isaías "quão formosos são os pés dos que anunciam a paz".

Todo cristão que entendeu o seu propósito de salvação não tem como deixar de levar aos necessitados a preciosa semente. Afinal de contas se alguém consegue encontrar sua satisfação de vida, sua realização em Cristo, não pode calar-se e nem omitir seu exemplo de vida diante de uma sociedade que caminha para o caos, e que procura subterfúgios para preencher os anseios da alma.

Pr. Edilson Marçal, homem de Deus, servo dedicado à leitura e à escrita, e que tem muitos anos de experiência no Evangelho, cuja origem familiar já vivia os princípios do reino de Deus, é capacitado a escrever sobre o tema. Seu labor ministerial lhe proporciona as credenciais para tal tarefa.

Os escritos em forma de lições que compõem esse livro, são feitos de modo didático, simples e embasado na Palavra de Deus com o intuito de prover ao leitor condições de extrair o melhor sobre o tema proposto. Portanto a leitura se torna indispensável a todos aqueles que desejam cumprir o ide de Jesus.

Em tempos modernos, quando o número de igrejas evangélicas prolifera por todos os cantos especialmente no Brasil, quando as estatísticas mostram que o número de evangélicos tem aumentado consideravelmente, há uma tendência de supor que todos já ouviram o Evangelho. No entanto há muitos que ainda não se decidiram por Cristo e enquanto houver perdidos, a pregação se fará necessária, pois a salvação só ocorrerá pela Palavra de Deus.

Pr. Josué Lucas

SUMÁRIO

1 – Motivos para evangelizar

2 – O que é evangelização

3 – A importância da evangelização

4 – O alvo da evangelização

5 – Quando evangelizar

6 – Onde evangelizar

7 – Tempo de evangelizar

8 – Os tipos de pessoas

9 – O plano da salvação

10 – Resultados da evangelização

11 – Pregação ao ar livre

12 – Pregação nos lares

13 – Evangelização em visitas

14 – Evangelização e a Missão de Deus

1 – MOTIVOS PARA EVANGELIZAR

Jesus, em uma de suas últimas instruções aos discípulos, mandou que eles fossem por todo o mundo e pregassem o evangelho a todas as pessoas (Mt 16.16). Apesar dessa evidente missão da igreja, atualmente parece que não damos o devido valor ao ato de evangelizar.

Muitas igrejas adotaram uma postura passiva. Ficam esperando que as pessoas entrem no templo, nos dias de culto, como se fossem consumidores de culto por impulso. Para isso, organizam as igrejas de forma que fiquem com as portas voltadas para a rua e usam recursos como o louvor e os equipamentos de som para atrair visitantes.

Essa pode ser uma estratégia de evangelismo, mas será que é só isso? O que significa verdadeiramente evangelizar? Por que devemos fazer isso? Quais os efeitos práticos do ato de evangelizar para a igreja e para nossa vida como cristãos? Esses são temas que estudaremos nesse livro.

Evangelizar é um compromisso cristão, um ato de gratidão a Deus e amor ao próximo. Keller compara o ministério da igreja como um ato de misericórdia: uma igreja o chamada "para a estrada de Jericó" (KELLER, 2016). Na verdade, a ordem de Jesus é que a igreja saia de sua zona de conforto e vá até as pessoas, levando a mensagem de salvação.

1.1 O QUE É EVANGELIZAR

A palavra evangelizar é formada pelo substantivo "evangelho" e pelo sufixo "izar", que em português é uma partícula formadora de verbos. Significa, portanto, o ato de submeter outros ao evangelho (WRIGHT, 2014).

É um verbo de ação. Todos os verbos formados por esse tipo de sufixo indicam que tem alguém agindo, há um objetivo a alcançar e há alguém como objeto dessa ação. Portanto, no ato de evangelizar há um sujeito que toma a iniciativa, tendo em mente claramente o que deseja fazer e sabendo a quem deverá dirigir suas ações (RAINER & GEIGER, 2012). Nessa lição, vamos ver quem deve evangelizar, o que deve fazer e a quem deve dirigir seu ato de evangelizar.

Permita que o Senhor intervenha em sua vida, fazendo de você um evangelista (II Tm 4.5). Para isso, vamos aprender o que de fato significa evangelizar, para que o trabalho que fazemos diariamente para o reino de Deus possa surtir os efeitos desejados.

1.2 QUEM DEVE EVANGELIZAR

De modo geral, qualquer pessoa pode evangelizar. Qualquer pessoa que tenha sido alcançada por Deus, experimentado o novo nascimento e que esteja movida pelo desejo de levar sua experiência com Cristo a outras pessoas. No entanto, não tem como levar a outros aquilo que a própria pessoa não tem. Por isso, é essencial primeiro conhecer Jesus para depois levá-lo aos outros.

1.3 QUEM FOI ALCANÇADO POR DEUS

Não tem como falar de forma convincente daquilo que não experimentamos e conhecemos (STOTT, 1989). Não tem como evangelizar se ainda não fomos impactados pelo poder do evangelho (I Tm 3.6). Desse ponto de vista, entendemos que para agir de forma intensa no ato de evangelizar, é necessário primeiro aprender, ou passar por um treinamento adequado.

Quem deseja evangelizar deve dedicar-se em aprender sobre o poder do evangelho e sobre a forma correta de levar a mensagem do evangelho a outras pessoas. A melhor maneira de aprender é estando presente em todas as atividades da igreja. Aprendemos nas pregações que ouvimos, nos estudos da EBD, nos louvores cantados, nos momentos de comunhão com os irmãos. Quem negligencia a vida de comunhão na igreja não poderá ser um bom evangelista.

Na verdade, a melhor forma de evangelizar é por meio de nosso exemplo pessoal. Cada crente brilha como uma luz por onde passa, e tempera o comportamento do mundo por meio de sua presença e suas ações. Mesmo se não abrir a sua boca, o crente verdadeiro já estará evangelizando por meio de seu testemunho (Mt 5.13-14). Então, uma boa forma de se tornar um evangelista é desenvolvendo uma vida cristã autêntica.

1.4 QUEM DESEJA EVANGELIZAR

Assim que conhecemos Jesus, nasce de nosso interior uma fonte de água viva que jorra eternamente e nunca se seca (Jo 14.4). Essa fonte consiste na necessidade de fazer com que outras pessoas experimentem o mesmo benefício que recebemos em nosso encontro com Cristo (KELLER, 2016). Surge uma necessidade de dizer a todas as pessoas que nos encontramos com Jesus, e que ele é muito mais do que poderíamos desejar ou esperar (Jo 4.29-30).

Esse desejo de mostrar quão grande é o nosso Deus e o quanto ele tem sido maravilhoso para conosco nos leva a uma vida de cuidadosa observância de sua vontade, pois desejamos honrá-lo por tudo que ele é para nós. Também nos leva ao desejo ardente de anunciar a todos o que ele deseja fazer na vida daqueles que com ele se encontrarem (KELLER, 2014).

1.5 QUEM NASCEU DE NOVO

A vida com Cristo só é possível para aqueles que nasceram de novo. Nada que esteja ligado a nossa forma de vida anterior a nosso encontro com Cristo faz sentido depois que passamos a andar com ele. Assim, é necessário entender que por mais cultos que sejamos, por mais experientes, por mais que tenhamos lido e estudado sobre a vida cristã, não seremos capazes de evangelizar se não experimentarmos o novo nascimento (Jo 3.5).

Por isso, Paulo considerava toda sua experiência anterior inútil, diante daquilo que recebeu em Cristo.

1.6 O QUE SE DEVE FAZER

Há muitas formas de evangelizar. A primeira e mais importante, como já vimos, é por meio do testemunho pessoal, ou do exemplo de vida. Falamos mais alto com nosso comportamento que com nossas palavras. Outra excelente forma de evangelizar é testemunhando para outras pessoas a respeito das mudanças que a presença de Jesus fez em nossas vidas (STOTT, 2005).

Ser grato a Deus pela saúde, bem estar, pela vida e por tudo mais que revela a providência de Deus em nossas vidas é uma forma de fazer com que outras pessoas desejem conhecer Jesus. Por isso, a Bíblia nos mostra que devemos ter sempre ações de graças em nossos lábios (I Tm 2.1).

Outra excelente forma de evangelizar é apresentando Jesus como a solução perfeita para todas as mazelas humanas. De fato Ele é essa solução. Afinal, todos os males que sofremos estão ligados ao pecado pessoal ou geral da humanidade. Como a missão de Jesus é levar sobre si nossos males, podemos afirmar com segurança que todos os problemas humanos se resolvem em Jesus (Is 53.4).

Finalmente, toda forma de evangelização deve ter a Palavra de Deus como base e referência. Uma boa forma de evangelizar é por meio da exposição do homem à palavra de Deus, o que desperta a fé, que resulta em salvação. Outra forma é por meio do confronto direto, onde a Palavra é apresentada como uma referência, revelando o quanto as pessoas estão afastadas da vontade revelada de Deus em Cristo Jesus.

1.7 COMO SE DEVE FAZER

Os meios usados para evangelismo variam muito, e cada um se adéqua a situações específicas.

A melhor maneira de evangelizar é de pessoa para pessoa, por meio do testemunho pessoal. Bem dizem os marqueteiros que a melhor propaganda é aquela feita boca a boca. Da mesma forma, quando mostramos aos outros de forma sincera e verdadeira o que Jesus fez por nós nascem os melhores frutos do evangelismo. Quando ganhamos a amizade de uma pessoa e lhe apresentamos Jesus, estamos praticando o verdadeiro ato de fazer discípulos.

Outra forma muito eficaz é abordar pessoas, mesmo sendo desconhecidas, e lhes apresentar a mensagem do evangelho. Isso pode ser feito em todos os momentos, em todas as oportunidades. O bom evangelista é aquele que sabe conduzir uma conversa, seja ela qual for, criando uma oportunidade para falar de Cristo.

Atualmente existem muitos meios de comunicação, e todos eles podem ser usados como meios de evangelismo, como programas nos rádios e televisão, sites e blogs na internet, mensagens nas redes sociais, publicação em livros, jornais e revistas, panfletagem, camisetas, adesivos, pregação em praça pública, dentre outros.

Devemos buscar com cuidado os meios mais eficazes. Alguns recursos que eram usados antigamente nem sempre apresentam resultados hoje. Da mesma forma, o que dá certo em um lugar pode ser um fracasso em outro. Por isso, devemos ser persistentes.

1.8   A QUEM EVANGELIZAR

Temos o costume de pensar que evangelizar significa pregar para pessoas que não são evangélicas para fazer com que se convertam e se tornem frequentadoras de nossa igreja. Isso está assustadoramente longe do que Jesus ensinou.

Na verdade, todos pecaram e se afastaram de Deus (Rm 3.23). Assim, todos precisam ser evangelizados. Partindo desse princípio, independente da religião ou de ser ou não ser evangélico, todos devem ser evangelizados. Nossa vida cristã e as palavras que dizemos devem ser impactantes e confrontadoras. Devem ser também instrumento de ensino para todos que convivem conosco, de forma que o descrente passe a conhecer Jesus, e nossos irmãos em Cristo tenham sua fé em cristo fortalecida pelo convívio conosco. Isso é evangelizar (AKINS, 1999).

Evidentemente, os enfermos são os que mais precisam de médico (Mt 9.12). Mas nem por isso, os sadios estão dispensados de algumas orientações preventivas, no sentido de se manterem firmes e evitarem as armadilhas do diabo (II Tm 3.16).

Dessa forma, devemos centralizar nossa força em evangelizar pessoas que estão caídas no pecado, distantes de Cristo, para que venham ao conhecimento da verdade. Mas não devemos nos esquecer que Jesus nos enviou para fazer discípulos, ou seja, para ensinar diariamente outras pessoas, inclusive os que já são cristãos, a fortalecerem sua fé em Cristo, avançando rumo à perfeita imagem de Cristo.

Assim, devemos evangelizar para fora e para dentro, arrancando pessoas que estão afundadas no pecado e fortalecendo aqueles que já iniciaram sua caminhada com Cristo (SILVA, 1983). De forma ainda mais ampla, devemos evangelizar a nós mesmos, permitindo que a exposição de nossa vida às escrituras seja instrumento de permanente edificação para nós e para os outros.

Percebemos dessa forma que o Evangelho é poder de Deus para a salvação do judeu (aqueles que já são crentes) e também do grego (aquele que está distante de Cristo), conforme Paulo falou aos Romanos (Rm 1.16). Devemos buscar a transformação de nossas vidas aos pés da cruz de Cristo, e assim levar a mensagem de boas novas a todos que nos rodeiam. Essa é a vontade de Deus para conosco.

Se você não se interessa pela obra de evangelismo, há algo errado com você. Não tem como ser discípulo de Cristo e se manter indiferente àqueles que estão ao nosso lado, clamando por ajuda, sob os efeitos do pecado.

Peça a Jesus que fortaleça sua vida, para que você possa ser de fato uma luz, capaz de espalhar a fragrância de Cristo por todos os lugares por onde você passar.

2 - O QUE É EVANGELIZAÇÃO

Na aula anterior já vimos parcialmente o que é evangelizar. Hoje vamos aprofundar o tema, procurando deixar bem claro o propósito da evangelização. Para isso, vamos nos debruçar sobre o significado de Evangelho e evangelização. Vamos também apontar o que não é evangelização e procurar distinguir entre captação de membresia para nossa igreja e o ato legítimo de evangelizar, à luz das Escrituras.

Atualmente o conceito de evangelismo está cada vez mais confuso, pois as igrejas estão adotando a lógica do mercado capitalista, usando instrumentos próprios das ciências sempre com foco na competição por membresia, com pouca preocupação com a restauração de vidas. Em vez de praticar o evangelismo, pratica-se o proselitismo.

Diante disso, a primeira função deste capítulo precisa ser conceitual. É necessário entender claramente o que é Evangelho e o que é evangelismo, e entender também o que não é isso. Torna-se necessário diferenciar propaganda da igreja ou denominação de evangelismo. Evangelizar é um ato maior que os compromissos com a igreja local, ou com o crescimento numérico da membresia. É um ato ligado ao Senhor, não somente aos líderes da igreja local.

2.1 O QUE É O EVANGELHO

A palavra Evangelho é de origem grega e significa boas novas, ou boas notícias. Na antiguidade, não existiam meios de comunicação como hoje. Sem telefone, internet, correios, jornal impresso e nada disso, as pessoas tinham que arranjar uma forma de levar informações de um lugar para outro.

Assim, sempre que uma informação importante tinha que ser levada de um lugar para outro, era designado um mensageiro. O mensageiro tinha que ser uma pessoa forte, saudável, montada em um cavalo forte e rápido, para que as notícias pudessem ser levadas até onde era necessário.

Nem sempre as notícias eram boas. Os mensageiros muitas vezes levavam informações militares, orientações, aviso de que uma cidade havia sido invadida ou derrotada, notícias sobre doenças e tragédias naturais, dentre outras. Quando a notícia era boa, passou a ser usada a palavra Evangelho. O portador de boas notícias era sempre recebido com festas e muita alegria (Is 52.7).

2.2 CONTEÚDO DO EVANGELHO

Diz a Bíblia que o Evangelho é poder de Deus para a salvação de todo aquele que crê (Rm 1.16). Sendo assim, o conteúdo do Evangelho é diferente daquilo que presenciamos hoje nas igrejas e na prática de muitos pregadores.

O que faz do Evangelho um instrumento poderoso, capaz de salvar as pessoas? Vamos tentar compreender o que a Bíblia diz sobre evangelismo e buscar nele as substâncias que revelam esse poder de Deus (ARANTES, 2002).

2.3 REVELA A MISÉRIA HUMANA

O pecado cega e escraviza o homem de tal forma que tira dele a capacidade de perceber seu próprio estado de miséria. Em função do pecado, ocorre uma morte espiritual, uma falência das perspectivas, uma incapacidade de perceber que há mais coisas na vida além do pecado.

A exposição ao Evangelho, portanto, proporciona fé ao pecador, abrindo seus olhos, de forma que consegue perceber seu estado deplorável e ao mesmo tempo vislumbrar uma nova maneira deviver (Rm 10.17).

2.4 OFERECE NOVAS PERSPECTIVAS

O pecador muitas vezes se encontra sem perspectivas para a vida. Parece que seus vícios e seu estilo de vida são a única possibilidade existente. Não se imaginam capazes de deixar o cigarro, as bebidas, a prostituição, as drogas, a mentira, a idolatria e outros fardos proporcionados pelo pecado.

As autoridades gastam grandes volumes de dinheiro para tratar dependentes de drogas como o cigarro, o álcool e os entorpecentes. Mas o poder do Evangelho pode levar uma pessoa à completa libertação, por mais decadente que seja seu estado.

Pessoas deprimidas, desiludidas, maltratadas, vítimas de abusos e agressões encontram no Evangelho uma nova expectativa de vida. Por meio do Evangelho, podem voltar a ser pessoas felizes, alegres, produtivas e ajustadas ao convívio social. Nesse aspecto, o Evangelho tem uma função social prática que é reconhecida pelas autoridades sanitárias e sociais. A fé infundida pelo evangelho abre os olhos para novas perspectivas.

2.5 REMOVE O SENTIMENTO DE CULPA

Muitos críticos do Evangelho afirmam que ao confrontar o pecador com a mensagem evangélica é gerado um sentimento de culpa que seria prejudicial às pessoas. Por isso, afirmam que a palavra "pecado" deve ser evitada, para que as pessoas não se sintam culpadas e não sofram danos psicológicos.

No entanto, a prática mostra que ocorre o contrário. Não tem como uma pessoa mudar de comportamento se não entender que está errada e que precisa tomar uma atitude, uma decisão. Quem acha que está certo, não tem motivos para tentar outra forma de fazer as coisas, buscar um novo estilo de vida (ARANTES, 2002).

Diz a Bíblia que um dos papéis do Espírito Santo na vida do homem é convencê-lo sobre o pecado, a justiça e o juízo de Deus (Jo 16.7-11). Ao compreender sua situação e receber o impacto da graça de Deus o homem se liberta de sua culpa e dos entraves e danos que essa culpa impõem sua vida. A verdade do Evangelho liberta o homem.

2.6 O QUE NÃO É EVANGELIZAR

Considerando que o Evangelho é poder de Deus para a salvação de todos que crerem, torna-se possível traçar uma série de considerações sobre o que não é evangelizar. Afinal, qualquer atitude que não resulte na condução do homem pecador em direção ao poder transformador de Deus não pode ser considerado um ato de evangelismo (COTTA, 1998).

Na atualidade, muitas igrejas estão confundindo o evangelismo com outras coisas, o que costuma ser fruto não do entendimento de evangelismo, mas da intencionalidade dessas igrejas.

2.7 NÃO É UM SERVIÇO SOCIAL

Os benefícios sociais do evangelismo são evidentes. Liberto da culpa e das amarras do pecado, o ser humano dá novo significado à vida e se transforma em sua vida pessoal e social. Torna-se mais responsável, produtivo, solidário e consciente.

Além disso, o serviço social faz parte das funções da igreja. Cuidar dos pobres, viúvas, idosos, prisioneiros, estrangeiros, discriminados, desfavorecidos, doentes, desempregados e todos aqueles que estão em situação de fragilidade social é uma obrigação da igreja (COTTA, 1998).

No entanto, evangelizar é muito mais que isso. É perfeitamente possível realizar serviços sociais sem mudar o coração humano. É possível combater a fome e a miséria social sem condenar o pecado e restaurar a paz do homem para com Deus. Por isso, um Evangelho que aquece o corpo e alimenta o estômago pode estar totalmente distanciado do verdadeiro Evangelho cristão.

A libertação do homem em relação às suas fragilidades sociais e pessoais só é possível por meio de Jesus Cristo (Jo 8.36).

2.8 NÃO É PROSELITISMO

Todos desejam que a igreja cresça e que tenha muitos membros. Desejamos ter um culto organizado e abençoado. Não há nada de errado nisso. Também não tem nada de errado em convidar pessoas de outras igrejas para se tornarem membros de nossa igreja. A-final, as pessoas são livres e se pudermos fazer com que congreguem conosco, será ótimo. Claro que não podemos denegrir outras igrejas nem falar mal dos outros para dizer que nossa igreja é a melhor, que não temos problemas. Isso seria mentiroso e desleal.

No entanto, o que muitos pregadores chamam de evangelismo não passa de proselitismo. Na verdade, o objetivo deles é convencer as pessoas a abandonarem suas igrejas de origem para se tornarem membros de suas igrejas. E alguns usam todos os meios para conseguir isso, sendo completamente falsos e desleais.

A mensagem do Evangelho impacta a vida do pecador, o que resulta em mudanças profundas em seu comportamento. Um dos resultados é que o pecador convertido procure uma igreja para iniciar sua nova vida com Jesus. Esse deve ser o resultado da conversão e não o principal objetivo do evangelismo.

2.9 NÃO É EXIBICIONISMO

Muitos pregadores pensam que o poder de Deus citado por Paulo está na manifestação de milagres, curas e promessas de prosperidade. Na verdade, a Bíblia não promete nada disso. O Evangelho não é um ato de exibicionismo.

2.10 ENTÃO, O QUE É EVANGELIZAR?

Entender o que é evangelizar ajuda a concentrar o foco naquilo que realmente interessa. Afinal, se não estivermos cumprindo a vontade de Deus nesse sentido, estaremos perdendo nosso tempo e nosso esforço (RAINER, 1996).

2.11 ABRIR OS OLHOS DO PECADOR

Por meio do anúncio da palavra de Deus, devemos abrir os olhos do pecador para que ele perceba que está no caminho errado, precisa dar meia volta e seguir na direção certa e que Jesus é o caminho a ser seguido. Isaías profetizou que uma das funções do Messias seria dar vista aos cegos (Is 42.7). Tendo seus olhos abertos, o pecador percebe sua situação e se rende a Cristo.

2.12 MOSTRAR QUE HÁ UMA SOLUÇÃO

Quando conversamos com pessoas que estão afundadas nas drogas, prostituição, depressão, miséria e outros problemas percebemos que elas estão completamente perdidas e sem perspectiva para a vida. Se formos sinceros e honestos em nosso ato de evangelismo, poderemos renovar as esperanças dessas pessoas e mudar a vida delas.

2.13 OFERECER APOIO

Quando evangelizamos, surgirá uma pergunta que devemos estar prontos para responder: "o que devo fazer para que seja salvo?" (At 16.30). Será que estamos preparados para responder a essa pergunta?

Apontar o dedo e dizer que uma pessoa está errada e que está caminhando para o inferno é muito fácil. Acusar é uma coisa que qualquer pessoa pode fazer. Mas será que estamos prontos para oferecer uma solução?

No texto acima, quando Paulo respondeu ao carcereiro que ele deveria crer no Senhor Jesus para ser salvo juntamente com toda a sua família, vemos que Paulo foi adiante e dirigiu-se à casa daquele homem. Chegando à casa do carcereiro, Paulo lhes anunciou o Evangelho e em seguida batizou todos eles.

Portanto, se estamos dispostos a evangelizar, devemos também nos preparar para estender a mão, acolher, ajudar e orientar a pessoa em sua nova caminhada com Cristo.

Vemos nesse estudo que evangelizar é levar o Evangelho do Senhor Jesus a todas as pessoas. Vimos também que só há um Evangelho verdadeiro: aquele que apresenta o amor de Deus e a salvação em Cristo Jesus. Esse Evangelho é poder de Deus para a salvação de todo aquele que crer. Também aprendemos que existem falsos Evangelhos, anunciados por pessoas que não possuem compromisso com Deus e com as Sagradas Escrituras.

Por ser poder de Deus para a salvação, o Evangelho é libertador, transformador, muda para melhor a vida das pessoas, leva esperança, abre os olhos para novas perspectivas. Por isso, evangelizar é muito mais que convidar pessoas para nossas igrejas. Na verdade, é convidar as pessoas para um novo nascimento.

3 - A IMPORTÂNCIA DA EVANGELIZAÇÃO

Jesus ficou compadecido diante da multidão ao perceber que as pessoas estavam perdidas, desorientadas, desiludidas e precisando urgentemente de ajuda. Por isso, ele comparou a multidão a um bando de ovelhas sem pastor, e disse a seus discípulos que a seara é grande, por isso deveriam orar pedindo ao Pai que enviasse obreiros para realizar aquele grande desafio que estava pela frente.

Hoje pode parecer que há muitas igrejas na cidade onde moramos. Na verdade, parece haver uma igreja evangélica em cada esquina. No tempo de Jesus também havia um grande número de religiosos. Havia templos e sinagogas por todo lado. Mas a proliferação de templos não significa que o evangelho tenha alcançado todas as pessoas da forma como Jesus deseja.

Nosso desafio é nos prepararmos para realizar de forma profunda e intensa esse mandado de Jesus: orar para que o Senhor envie trabalhadores, e sermos nós mesmos esses engajados na grande seara do Senhor.

Fazer o nome do Senhor conhecido entre as nações é o grande desafio que a igreja de hoje enfrenta. Quando a sociedade de degrada e se afasta de Deus, a culpa não é do povo, que está morto, mas sim da igreja, que por estar viva, deveria brilhar com a luz de Cristo, e assim dissipar as densas trevas (STOTT, 2010).

3.1 RAZÕES PARA EVANGELIZAR

Vimos na lição anterior que o Evangelho é poder de Deus para a salvação de todo aquele que crer. Vimos também que há efeitos práticos da evangelização sobre as pessoas, efeitos que são percebidos e valorizados até mesmo pelas autoridades seculares. Pessoas drogadas, deprimidas, desiludidas podem ter suas vidas restauradas quando são evangelizadas.

Jesus aponta, nesse texto que lemos na abertura do estudo, que as pessoas estão confusas e desorientadas, e por isso aponta a necessidade de arrebanhar um grande número de evangelistas para levar orientação e salvação às multidões.

Nessa lição vamos dar sequência ao tema, apontando mais alguns motivos práticos para nos envolvermos na obra de evangelismo. Pense nisso e permita que o Senhor faça de você um evangelista (II Tm 4.1-5). Dedique sua vida ao trabalho do Senhor, pois é isso que ele espera de cada um de nós, que fomos beneficiados por sua obra de salvação.

3.2 DIZER QUE JESUS É O SENHOR

No evangelho, Jesus é apresentado como sendo o Senhor de todas as coisas. Isso resulta em alívio para aqueles que estão desesperados, achando que tudo está perdido. Ao olhar para Jesus como sendo o Senhor, as pessoas são libertas e passam a viver de forma mais tranquila e equilibrada (Is 45.22). Vários textos bíblicos apresentam Jesus como Senhor de todas as coisas, entre eles salmos, profetas, epístolas paulinas e Hebreus (1 Co 15.27). Estar sob o senhorio de Cristo é um ato de libertação. Por isso, Paulo destaca que o evangelho é poder de Deus para todo aquele que crê.

3.3 JESUS É O GRANDE PROVEDOR

Jesus é o Senhor da providência. Ele promete que nos suprirá em todas as nossas necessidades básicas. Como todas as pessoas precisam de coisas como alimentos, roupas, moradia, saúde e segurança, saber que tais coisas são providenciadas por Deus a seus queridos nos dá um grande alívio (Sl 127.2; Mt 6.29).

Fazer com que um pai de família consiga confiar em Deus ao ponto de descansar em paz, na certeza de que seus filhos terão o alimento de cada dia e que nada faltará em sua casa, com certeza é um grande benefício que o Evangelho pode proporcionar a uma pessoa.

Isso é diferente de teologia da prosperidade. Na teologia da prosperidade, as pessoas são enganadas com uma tentativa de fazer barganha com Deus, onde ofertas e dízimos são trocados por bênçãos. Anunciar Jesus como provedor é dizer que aquele que confia no Senhor e anda em seus caminhos pode sempre contar com a bênção do Senhor (Sl 1).

3.4 JESUS CONTROLA O UNIVERSO

Todas as coisas estão debaixo do controle de Jesus. Nada acontece sem que ele permita. Muitas coisas momentaneamente desagradáveis ou terríveis acontecem com um propósito que podemos não entender no momento, mas estão no controle de Deus (I Co 15.25-27).

Nem mesmo o poder do inimigo está fora do controle de Deus. O diabo não tem autoridade para interferir nas coisas que Deus está conduzindo. Assim, podemos descansar no Senhor e saber que, quando andamos em seus caminhos, nada poderá prevalecer contra nós (WRIGHT, 2014). Uma das funções do evangelho é mostrar o senhorio de Cristo.

Essa informação pode ser grandemente libertadora para pessoas que estão ansiosas:

- Com medo de terem sido afetadas por obras de feitiçaria;

- Com medo de ser alvo de maldição hereditária;

- Com medo de estarem amaldiçoadas por pecados e crimes que cometeram;

- Por causa de traumas que resultam de atos violentos ou abusos;

- Com medo da ação de parentes, colegas, cônjuge violento;

- Temendo o desemprego e as crises sociais e econômicas;

- Com medo de perseguição no trabalho ou na família.

A mensagem do evangelho pode libertar as pessoas dessas coisas. Por isso, podemos tranquilamente convidar pessoas para campanhas de libertação. Não por causa de nossa oração poderosa, mas porque vamos levar o nome de Jesus a essas pessoas. Se elas forem alcançadas e se renderem a Jesus, COM CERTEZA serão libertas.

O evangelho é poderoso em si mesmo. Basta que o apresentemos às pessoas da forma que ele é, de forma pura e simples.

3.5 ROMPER COM O PRAGMATISMO

A igreja contemporânea está muito focada no pragmatismo. Sempre nos fazemos a pergunta: por que temos que fazer isso? De que forma o que fazemos será útil às pessoas? Como as pessoas vão encarar o que estamos fazendo?

Esse tipo de comportamento é próprio da sociedade conhecida como pós-moderna, que quer tudo pronto, rápido, prático, com qualidade, a baixo custo e com resultados imediatos (BAUMAN, 2003). Isso acontece não somente na igreja, mas em todos os setores da sociedade.

Ninguém se importa com o futuro, somente com o presente. Ninguém se importa com valores sociais, morais, espirituais, somente com o que dá prazer imediato. Ninguém quer economizar, preservar, fazer uma poupança. Só interessa aquilo que pode ser comprado e consumido imediatamente.

A mensagem do evangelho rompe com essa forma de pensamento. Mostra que é mais importante pensar nas coisas futuras, com o reino do céu, com aquilo que virá depois do que com as necessidades imediatas. Por isso, o evangelho é transformador e contribui para a organização da sociedade (KELLER, 2014).

3.6 COMBATE O UTILITARISMO

Nem todas as coisas importantes podem ser avaliadas do ponto de vista da utilidade imediata. Isso é fácil de perceber quando olhamos para as artes, os relacionamentos, a preservação do meio ambiente, a moralidade, o amor ao próximo. O combate ao imediatismo e utilitarismo é um desafio social, que as escolas seculares estão tentando enfrentar. O evangelismo, ao apresentar os ensinos de Cristo, leva o homem a uma vida mais focada no amor, na colaboração e no compromisso social (KELLER, 2014).

3.7 POR NÃO BUSCAR VINGANÇA E RETALIAÇÃO

Jesus ensina que não devemos devolver o mal com o mal. Ele ensina o perdão e o amor. Isso ajuda a promover a ordem social e combate a violência. A vingança pertence ao Senhor, e não a nós. Assim, devemos ser mensageiros da reconciliação, defensores da paz e da comunhão entre as pessoas.

3.8 POR COMBATER O EGOÍSMO

A maior parte dos conflitos sociais nasce do desejo de satisfazer a si mesmo. O evangelho nos ensina a colocar os outros em posição superior a nós mesmos. Dessa forma, o discípulo de Jesus é uma pessoa que tem o amor a Deus acima de todas as coisas e o amor ao próximo como a si mesmo. João ensina que não é possível amar a Deus e ignorar o sofrimento do próximo.

3.9 POR PROMOVER O AMOR E A COOPERAÇÃO

O evangelho concentra toda a vontade de Deus no ato de amar. E mostra o que é o verdadeiro amor. Assim, combate a exploração e a manipulação de pessoas em busca do interesse pessoal.

3.10 POR PROMOVER O PLANEJAMENTO E AS AÇÕES DE LONGO PRAZO

O evangelho incentiva o planejamento (Lc 14.28), a persistência (Mt 7.7), a organização pessoal (Ec 16.6), a prática do bem para a promoção da paz social.

Assim, pode-se perceber que ao mesmo tempo em que combate o egoísmo e o pragmatismo, o evangelho tem efeitos práticos surpreendentes. Vemos nas escrituras pessoas de mente prática, como Paulo, Tiago e João, que buscaram por todos os meios alguma forma de influenciar as pessoas de seu tempo com uma mensagem relevante e impactante.

Não tem nada de errado em tentar ser prático ou pragmático. O erro está em ser egoísta, imediatista, reducionista e colocar os interesses pessoais acima das coisas relacionadas ao próximo e ao reino de Deus.

3.11 É UM ATO DE AMOR

Não evangelizar é um pecado. Por quê? Por ser um ato de desobediência, por ser negligência e por ser egoísmo. Aquele que encontrou-se com a salvação em Cristo Jesus sente necessidade de evangelizar. Uma necessidade que não pode ser negligenciada.

3.12 ATO DE OBEDIÊNCIA

Evangelizar é uma ordem direta de Jesus. É um imperativo positivo. Assim, deixar de evangelizar é uma desobediência. A desobediência é tratada na Bíblia como um pecado gravíssimo (I Sm 15.22). Por isso, todo cristão autêntico e fiel ao Senhor deve se dedicar à evangelização.

3.13 FUGIR DA NEGLIGÊNCIA

Negligente é a pessoa que sabe que tem o dever de fazer uma coisa e deixa de fazer. A Bíblia trata isso como pecado grave. Afinal, aquele que sabe fazer o bem e não o faz, comete pecado (Tg 4.17). Já vimos que evangelizar é uma prática poderosa e transformadora, e que todo cristão está preparado para evangelizar. Então, porque deixamos de fazer isso?

3.14 NÃO SER EGOÍSTA

Quando temos algo muito bom e sabemos que uma pessoa está sofrendo e morrendo por falta daquilo que temos e deixamos de compartilhar, estamos sendo egoístas. Principalmente se aquilo que temos é gratuito e não nos custará nada compartilhar.

Encontrar-se com Jesus é como encontrar um tesouro muito valioso, uma fonte de água pura e permanente, um depósito interminável de alimento para o corpo e para a alma, a resposta para todas as crises e ansiedades do ser humano.

Vemos nas escrituras que todos que se encontraram com Jesus foram tomados por uma intensa vontade de compartilhar o que receberam com outras pessoas. Vemos também que o evangelho pode mudar a vida de pessoas que estão sofrendo e morrendo em suas crises pessoais, sociais e espirituais.

Diante disso, devemos nos lembrar que deixar de evangelizar é um ato de egoísmo. Isso fere todo o princípio do ensinamento de Cristo.

Evangelizar significa levar respostas para pessoas que estão perdidas e desorientadas. É um ato de amor. É um dever do cristão. Portanto, todos devem se envolver nessa missão.

Quando Jesus disse para orarmos pedindo ao Senhor da Seara que envie obreiros para sua seara, ele estava, na verdade, nos incentivando a refletir sobre essa responsabilidade, que mais tarde ele direcionou a todos nós, que somos seus discípulos.

4 - O ALVO DA EVANGELIZAÇÃO

Na primeira lição abordamos de forma rápida que o Evangelho deve ser destinado a todas as pessoas. Nessa lição desejamos aprofundar a questão. Muitas vezes, por falta de uma perspectiva adequada do Evangelho, destinamos nossos esforços somente a uma classe de pessoas, imaginando que as demais não precisam de atenção, ou que são capazes de por si mesmas chegarem ao conhecimento da verdade.

O conhecido Evangelho destinado somente aos pobres é antibíblico, contraditório com os princípios das escrituras e, em última análise, aponta algumas falhas e preconceitos que não admitimos existir entre nós. Por que concentramos nosso esforço nas periferias? Será que outras pessoas também não precisam de Deus?

Diz a Bíblia que todos pecaram, se afastaram de Deus e são carentes da graça e misericórdia de Deus. Isso envolve todas as pessoas: ricos, pobres, intelectuais, analfabetos, doutores, operários, protestantes, católicos, islâmicos, ateus, hereges e todas as demais classes de pessoas.

Portanto, o alvo da evangelização é a humanidade, como disse Jesus: "ide por todo mundo e pregai o evangelho a toda criatura". Isso ocorreu na igreja Primitiva e é uma necessidade também hoje. Ainda precisamos ver o mundo como nosso campo de ação.

4.1   A QUEM DEVO EVANGELIZAR?

Sempre que conversamos com lideranças cristãs sobre projetos de plantação e revitalização de igrejas logo alguém informa que na periferia de tal cidade, ou no sertão de tal estado há pessoas precisando da mensagem do Evangelho. Raramente alguém pensa em desenvolver um projeto voltado para universitários, empresários, profissionais, grupos evangélicos e outras categorias de pessoas igualmente necessitadas da mensagem de salvação.

O objetivo desta lição é apontar em cada classe de pessoas os elementos que apontam a necessidade de evangelismo e encorajar os servos de Cristo a pensarem em propostas de evangelismo para todas essas pessoas.

A ação do pecado se faz presente em todos, mesmo naqueles que nem mesmo acreditam em deus, ou naqueles que se dizem altamente religiosos. Vemos que Jesus, em seu ministério terrestre, evangelizou a todas as pessoas: pobres, ricos, doutores e religiosos. Façamos o mesmo.

4.2   AOS POBRES E NECESSITADOS

Quando pensamos nos pobres, fica claro para nós a necessidade de evangelizar. Os pobres são as pessoas que mais sofrem abusos, exploração e privações. Seu sofrimento é visível. Por isso, a maior parte dos evangelistas focam suas ações nas periferias das cidades, nos sertões, nas favelas, onde se concentra a população mais pobre.

4.3   DOENTES, DESILUDIDOS

Jesus destinou boa parte de seu ministério aos pobres e oprimidos. O motivo disso é que, na época, havia em Israel um grande número de pessoas em situação de miséria, devido ao domínio dos romanos sobre Israel. A opressão dos romanos tirava dos judeus toda capacidade de produzir livremente, ter prosperidade material. Somente alguns ricos, muitas vezes protegidos pelos romanos, controlavam toda a vida financeira do país.

Historicamente, os pobres sempre foram alvo de domínio, exploração e opressão por parte dos mais ricos. Por isso, há mandamentos bíblicos protegendo os pobres, órfãos, viúvas, idosos, estrangeiros e outras classes menos favorecidas.

Devido à falta de recursos financeiros, os pobres sofrem mais com as doenças, falta de alimentos, habitação precária, incertezas no trabalho. Por isso, são fortes vítimas de desilusões. A mensagem do Evangelho é um bálsamo para o sofrimento do pobre, além de renovar suas forças e esperança.

Ao pobre, devemos dizer que Jesus é o Deus da Justiça, e que ele nos garante tudo que precisamos. Nele temos segurança.

4.4 VICIADOS NO PECADO

Os vícios, principalmente o alcoolismo e as drogas, atingem igualmente ricos e pobres. No entanto, o que motiva os vícios varia de uma classe social para outra.

Geralmente, os pobres procuram o alcoolismo e as drogas como forma de fugir de suas misérias sociais. Juntamente com as drogas, acabam consumindo substâncias altamente prejudiciais, pois compram drogas mais baratas, vendidas por traficantes de segunda linha, muitas vezes dissolvidas ou misturadas com produtos que geram terríveis danos ao organismo.

Além disso, a exploração dos mais pobres é mais cruel. A falta de informações, de prevenção de doenças sexuais, a falta de oportunidades muitas vezes torna os jovens pobres alvos fáceis de exploração pelas classes mais favorecidas.

Isso resulta em gravidez indesejada, abortos, uso de drogas, abusos sexuais de vários tipos, escravidão moral, dentre outros tipos. Na tentativa de obter dinheiro para alimentar os vícios, muitos jovens pobres se envolvem em crimes, ou prostituem em busca de drogas.

4.5 A LIBERTAÇÃO EM CRISTO

O poder do Evangelho pode libertar o pobre de várias formas. Em Cristo encontramos contentamento. Isso nos livra da ganância, da insatisfação com nosso status social, da ansiedade que acaba levando aos vícios e aos crimes.

A libertação em Cristo faz com que o pobre se liberte também da opressão social. Desenvolve amor próprio, autoestima, valorização do corpo e a certeza de que Cristo é tudo que precisamos.

4.6 AOS RICOS E INTELECTUAIS

Pode parecer que uma pessoa rica não tem necessidades. Uma ideia muito errada que, por mais que seja combatida, ainda parece conduzir as ações de evangelismo. O pensamento equivocado de que o dinheiro compra tudo.

Na verdade há muitas coisas simples, como a amizade, o amor, o respeito, a felicidade pessoal, que não podem ser compradas com o dinheiro. Os ricos costumam estar rodeados de luxo, de muitas pessoas, tem acesso a bons alimentos, carros, casas, festas. Mas isso não atrai amigos verdadeiros, amor sincero e satisfação da autoestima. Na verdade, em alguns casos o dinheiro até atrapalha.

É normal pessoas ricas serem desconfiadas, inseguras em relação à sinceridade das pessoas, desenvolverem a ideia de que estão sendo exploradas por parentes e supostos amigos. Com isso, tornam-se ansiosas e inseguras. Isso pode ser visto no elevado número de jovens ricos viciados em drogas, fazendo terapia psicológica, desenvolvendo síndromes ou cometendo suicídio.

Costumamos pensar que os intelectuais possuem a mente aberta e compreendem com mais profundidade as coisas relacionadas à espiritualidade ou à alma humana. Isso é um grande engano. A vida intelectual é marcada por muito estudo, muito tempo dedicado aos livros, leituras e pesquisas. Com isso, o intelectual perde contato com os sentimentos, amizades, amor, contentamento pessoal. É comum intelectuais desajustados socialmente, incapazes de amar, deprimidos e até mesmo dependentes de drogas ou de vícios sexuais. São pessoas carentes de Cristo.

4.7 ESTUDANTES E PROFISSIONAIS

Temos visto na atualidade alguns projetos voltados para estudantes e para algumas categorias profissionais. No entanto, de modo geral, os evangelistas pensam que por uma pessoa estar cursando a universidade, ela não precisa da mensagem do Evangelho.

O mesmo pensamento equivocado ocorre com relação aos profissionais. Muitos evangelistas pensam que uma pessoa bem sucedida profissionalmente, como os professores, engenheiros, médicos, dentistas ou enfermeiros não precisam ser evangelizados. Trata-se do entendimento falso de que o sucesso profissional supre a necessidade de Deus.

Jesus lidou com as necessidades dessas classes que hoje negligenciamos no ato de evangelismo:

- Evangelizou Nicodemos, que além de rico, era um doutor da lei, uma espécie de juiz, além de ser altamente religioso;

- Evangelizou Pedro, Tiago e João, que eram profissionais bem sucedidos da pesca, uma atividade nobre na época;

- Evangelizou Mateus, que era cobrador de impostos, uma atividade de alto nível e muito lucrativa, além de Zaqueu, que também era da mesma profissão;

- Evangelizou um jovem rico, cheio de necessidades espirituais;

- Paulo e os apóstolos evangelizaram governadores, reis e príncipes.

Vemos, portanto, que todas as pessoas precisam do Evangelho de Cristo. Devemos, então, fazer como Jesus fez.

4.8 EVANGELIZAR A TODOS

Percebemos que todos necessitam da mensagem de salvação em Cristo Jesus. O coração humano é igual, independente de sua classe social, situação financeira ou convicções religiosas. Por isso, devemos evangelizar igualmente todas as pessoas.

4.9 AOS ATEUS

Os ateus são pessoas que declaram abertamente que não acreditam em Deus. Eles também não acreditam em vida eterna, no diabo, nos anjos, em milagres, na alma humana e em tudo mais que esteja relacionado à religião.

No entanto, isso não tira do coração do ateu a necessidade de

Deus. Sua mente é confusa, pois enquanto afirma com a boca que não acredita em Deus, queima em seu coração uma necessidade de receber o amor de Cristo.

Muitas vezes a pessoa se declara ateu não por convicção, mas por modismo, por vontade de se rebelar contra os ensinos dos pais, ou por outras razões. Por isso, a melhor forma de evangelizar um ateu é por meio do testemunho pessoal, mostrando a eles o quanto o amor de Cristo faz de nós pessoas mais felizes e tranquilas.

4.10 AOS HEREGES

Hereges são pessoas religiosas que ensinam ou praticam sua fé de forma diferente do que é ensinado nas escrituras. Costumamos chamar de hereges as seitas que ensinam a idolatria ou que confundem a mente das pessoas com ensinos antibíblicos. Tais pessoas precisam ser confrontadas com a palavra de Deus.

Uma boa oportunidade de evangelizar um herege é quando surgem suas crises pessoais e espirituais. A fé do herege não consegue dar a ele as respostas que Jesus dá a seus seguidores.

4.11 AOS CRENTES

Já mostramos anteriormente que até mesmo os crentes precisam ser evangelizados. Mesmo sabendo que o Evangelho é poder de Deus e já sendo salvos em Cristo Jesus, em alguns momentos ficamos confusos e precisamos ser confrontados com a mensagem do Evangelho.

Quando evangelizar um crente:

- Em momentos de tragédias pessoais e familiares, quando parece que tudo está perdido. Lembrar que Deus está no controle e que sua vontade é boa e perfeita;

- Quando um filho de crente encontra-se em crise, questionando os ensinos recebidos de seus pais;

- Quando fracassos ou escândalos da liderança ameaçam afastar os crentes dos caminhos do Senhor.

Devemos ter o cuidado de não discriminar pessoas ou de achar que alguns não precisam de Cristo porque possuem aquilo que nós desejamos para nós mesmos, como sucesso financeiro ou profissional.

Todos precisam ser evangelizados. O que dizer a um doutor? A um herege? A um ateu? Anuncie o Evangelho, pois a palavra de Deus tem poder para agir por ela mesma, sem depender de nosso conhecimento ou capacidade pessoal.

5 - QUANDO EVANGELIZAR

O apóstolo Paulo é considerado um dos maiores evangelistas da história. Ele mesmo se denominava como "o Apóstolo dos Gentios", indicando que seu chamado ministerial consistia em levar o evangelho aos estrangeiros. Por isso, seu evangelismo tinha uma característica missionária. Mas há na Bíblia outros grandes evangelistas, como Filipe, João Batista, João Evangelista, Pedro, e o próprio Jesus.

Para saber quando evangelizar basta observar o comportamento dos evangelistas bíblicos. Eles eram habilidosos na arte de criar oportunidades. Nesse sentido, Paulo apresenta a Timóteo as orientações que vemos na Leitura Bíblica acima: evangelize em tempo e fora de tempo. Faça a obra de um evangelista.

Em nossa rotina diária nos ocupamos com muitas coisas, mas nem sempre procuramos oportunidades para evangelizar. E quando a oportunidade surge, muitas vezes deixamos passar, pois não estávamos esperando por ela. É sobre isso que vamos estudar hoje.

5.1 QUANDO DEVO EVANGELIZAR?

Primeiramente, é importante entender que Deus controla todas as coisas. Assim, o próprio Deus se encarrega de fazer com que surjam oportunidades para que o evangelho seja pregado. Na maioria das vezes não precisamos nos preocupar em criar oportunidades para evangelizar, pois elas surgirão espontaneamente. Tudo que precisamos fazer é estar preparados e sempre atentos, e sermos capazes de perceber essas oportunidades e aproveitar cada uma delas.

O servo de Deus deve atuar como um soldado em batalha, que tem o dever de observar tudo que está acontecendo à sua volta. Deve sempre pedir ao Senhor que lhe mostre as oportunidades para evangelizar e estar sempre de prontidão, ou seja, espiritualmente e mentalmente preparado para confrontar o reino das trevas, levando a luz do Evangelho.

Além disso, devemos estar familiarizados com as estratégias capazes de gerar oportunidades, para evangelizar em tempo e fora de tempo.

5.2   A PERDA DE UMA CHANCE

Ouvi certa vez em uma palestra que a oportunidade é como um burro sem rabo. Se não for encarada, depois que passa não tem como agarrar. Isso porque há coisas na vida que só aparecem uma vez, e depois só ficam na lembrança. Arrepender-se por não ter tomado a decisão certa e feito a coisa certa quando surgiu a oportunidade é algo que atormenta muitas pessoas.

O Código Civil Brasileiro afirma que qualquer pessoa que causar dano a outra pessoa, seja por imprudência, imperícia ou negligência, tem a obrigação de reparar o dano. É o princípio da responsabilidade civil. Apesar de não constar no Código Civil, o princípio jurídico da perda de uma chance vem sendo usado nos tribunais para punir pessoas que, por terem agido indevidamente, privaram uma pessoa de seus benefícios, ou causaram prejuízo a uma pessoa, como afirmam os juristas Bruna Lyra Duque e Cesar Augusto Martinelli Fonseca, além de outros.

A Bíblia antecipa esse princípio aplicado no direito contemporâneo, ao afirmar que "aquele que sabe fazer o bem e não o faz comete pecado" (Tg 4.17). Além disso, Jesus disse que muitos serão condenados por deixarem de dar um copo com água, um prato de alimento ou uma visita ao aflito (Mt 10.42). A Bíblia apresenta ainda as condições agravantes e atenuantes em relação a esse princípio, conforme Ezequiel 33.

Se a justiça humana cuida de responsabilizar e punir aqueles que, negligenciando seu dever, causam danos às pessoas, quanto mais o fará nosso Senhor se negligenciarmos nosso dever perdendo a chance de evangelizar uma pessoa.

5.3 A OPORTUNIDADE NÃO RETORNA

O exemplo do Atalaia (Ez 33) mostra que é preciso estar atento e levar o evangelho no momento oportuno, pois muitas vidas poderão ser salvas ou perdidas conforme nossa capacidade de decidir na hora certa e fazer o que deve ser feito.

Há uma norma jurídica que determina que um paciente com câncer deve ter seu tratamento iniciado em até 60 dias após o diagnóstico (Portaria MS 876/2013). Isso porque quanto mais o paciente demora para ser tratado mais sua doença se agrava, podendo tornar o tratamento impossível.

Da mesma forma, uma pessoa que está no pecado precisa urgentemente ser liberta. O pecado é mortal, gera sofrimento e pode ser tratado e curado por meio da pregação do Evangelho. Quando adiamos nossa decisão em evangelizar, podemos estar perdendo definitivamente uma chance de libertar a vida de uma pessoa.

5.4   O TEMPO OPORTUNO

A Bíblia diz que quando nos calamos o Senhor pode levantar evangelizadores até mesmo em um amontoado de pedras (Lc 19.40). O certo é que Deus tem o controle de tudo, e compete a Ele agir no momento certo.

No entanto, se desejamos ser usado por Deus como vasos de honra e instrumentos de sua obra, devemos estar de prontidão. Deus não precisa de nenhum de nós. Sua vontade será cumprida e seus planos jamais serão frustrados. Mas temos a chance de ser usados por ele e fazer parte dessa importante missão de evangelizar.

5.5   COMO CRIAR OPORTUNIDADES

Se ficarmos atentos esperando as oportunidades para evangelizar, elas surgirão naturalmente. Estar de prontidão já seria uma grande virtude para um evangelista. No entanto, há uma série de coisas que podemos fazer para aumentar o número de oportunidades para evangelizar.

Jesus transformava situações rotineiras de seu ministério em oportunidades para revelar o poder de Deus. Os discípulos e apóstolos fizeram o mesmo. Vamos ver alguns exemplos:

- Jesus criou uma oportunidade ao abordar uma mulher que estava buscando água no poço, enquanto seus discípulos foram à cidade comprar pão (Jo 4);

- Jesus passou "por acaso" perto de uma árvore, onde um homem havia subido para o ver, e levou salvação a sua casa (Lc 19);

- Jesus se atrasou "por acaso" para aumentar a ansiedade dos familiares e amigos de Lázaro, aumentando assim o efeito do milagre (Jo 11.42);

- Os milagres de Jesus são narrados por João para que os que lerem creiam, e crendo sejam salvos (Jo 20.31);

- Paulo usou a idolatria dos atenienses para anunciar Jesus (At 17);

- Paulo usou uma tempestade para mostrar o poder de Deus (At 27).

Poderíamos continuar por muitas páginas com esses exemplos. Eles nos mostram que podemos e devemos aproveitar e criar oportunidades de evangelismo.

Jack Schafer, no livro "Manual de persuasão do FBI", que não é um livro evangélico, narra algumas estratégias que são usadas pelos espiões do FBI para abordar uma pessoa e gerar oportunidades para conversar ou passar uma mensagem. Quando li esse livro não pude deixar de ver nele algumas estratégias que podem ser usadas no evangelismo:

- Fazer amizades quando nos aproximamos das pessoas, ganhamos sua simpatia e respeito, fica muito mais fácil gerar centenas de oportunidades de evangelismo;

- Ser notado antes de dizer qualquer palavra. Deixe as pessoas perceberem que você é crente, que sua vida revela Jesus, que Deus tem se feito presente em sua vida;

- Mostrar interesse pelas pessoas. Deixe as pessoas verem que você de fato se interessa pelo bem delas;

- Ser amigável "Se você quiser encontrar um amigo, descobrirá que eles são muito raros. Se você for um amigo, você os encontrará em toda a parte" (SCHAFER, 2015);

- Usar a linguagem da amizade. Cumprimente as pessoas, responda com frases e não com "sim" e "não", mostre que deseja ajudar.

5.6 OS PONTOS DE APOIO

O filósofo Arquimedes disse "dê-me uma alavanca e um ponto de apoio e levantarei o mundo". Isso significa que são necessárias duas coisas para que nossas ações sejam bem sucedidas: o uso da ferramenta certa e da base de apoio certa.

Nossa ferramenta de trabalho é a proclamação daquilo que Deus fez em nossa vida e nos mandou levar a todas as pessoas. Nossa base e ponto de referência é a palavra de Deus, que é capaz de corrigir, ensinar, repreender e salvar a vida das pessoas (II Tm 3.16).

5.7 COMO QUEBRAR RESISTÊNCIAS

Muitas vezes ficamos aborrecidos quando as pessoas rejeitam a mensagem do evangelho, ou colocam dificuldades para nosso trabalho de evangelismo. No entanto, há muita coisa que contribui para dificultar o evangelismo. A principal delas é que estamos em uma batalha espiritual, e há interesses contrários a acontecendo ao nosso redor.

No entanto, podemos quebrar as resistências e superar as dificuldades que surgirão se nos concentrarmos em alguns pontos revelados nas Escrituras e na experiência de outros evangelistas.

5.8 CONHEÇA OS DESAFIOS

A primeira providência para vencer um desafio é saber que ele existe e tem que ser enfrentado. O pior inimigo de um evangelista é a falta de conhecimento dos ensinos de Jesus. Jesus avisou que teríamos dificuldades. E mostrou o que devemos fazer quando elas surgirem.

5.9 PREPARE-SE

Os discípulos de Jesus ficaram envergonhados quando tentaram expulsar demônios de pessoas, quando cumpriam o mandado de sair para evangelizar. Então, Jesus lhes mostrou que era necessário se preparar com jejum e oração para essa tarefa (Mt 17.18). Paulo alerta Timóteo a se apresentar como obreiro preparado (II Tm 2.15).

Vemos aqui a necessidade de preparação pessoal, espiritual e intelectual para cumprir a ordem de Jesus de evangelizar.

5.10 RENUNCIE-SE A SI MESMO

Entregar-se à obra de evangelismo envolve renúncia pessoal, disposição para sofrer pelo amor de Jesus, disposição para ser injuriado, perseguido e até mesmo agredido fisicamente. Encontraremos todo tipo de pessoas. Algumas que não respeitam o nome de Jesus.

5.11 REVEJA SUAS PRIORIDADES

Para entregar-se à obra de evangelismo é necessário ter o reino de Deus como prioridade. Isso nos leva a superar a falta de tempo, a timidez e as limitações pessoais, os interesses corporativos e denominacionais. Quando buscamos em primeiro lugar o reino de Deus, então estaremos prontos para aceitar esse desafio.

Vemos que as oportunidades de evangelismo existem e sempre surgirão, se estivermos atentos à orientação do nosso Senhor. Além disso, podemos ser proativos e gerar ou aproveitar melhor as oportunidades. Deus espera de nós que sejamos trabalhadores incansáveis e dedicados a sua obra.

Que o Senhor, aquele que nos chamou para essa boa obra, fortaleça nossos braços, nossas pernas, nossa mente e nos conceda estratégias para que sejamos vitoriosos em sua obra.

6 - ONDE EVANGELIZAR

Já estudamos que devemos aproveitar todas as oportunidades para evangelizar. Devemos pregar a palavra em todos os momentos, em tempo e fora de tempo. Mas, será que existe um local mais adequado ao ato de evangelizar?

Observar como Jesus e seus discípulos fizeram é uma boa forma de entender onde o evangelismo pode ter melhores resultados. Muitas vezes nos deparamos com pessoas que acham a igreja muito fechada em suas quatro paredes. Outros ficam escandalizados quando um crente tenta evangelizar no ambiente de trabalho. Outros pensam que evangelismo de verdade só se faz no campo missionário.

Vamos ver neste capítulo que Jesus e seus apóstolos levaram a mensagem do Reino de Deus a todos os lugares, alguns deles curiosos e inusitados. Vamos mostrar que o servo de Deus não separa sua vida cristã da vida secular. Somos embaixadores do Reino de Deus em tempo integral. Onde estivermos será o melhor lugar para evangelizar.

Nem sempre as oportunidades de evangelismo surgem naturalmente. Nesse caso, cabe ao servo de Jesus criar oportunidades. João revela que Jesus agia de forma intencional, e que os milagres registrados no evangelho tem um propósito (Jo 21.25).

6.1 ONDE DEVO EVANGELIZAR?

Vários fatores contribuem para melhorar ou dificultar os resultados do ato de evangelizar. Nem sempre os locais ou meios mais confortáveis ou mais caros são melhores que locais simples ou as ocasiões inesperadas. Devemos estar atentos para que o Senhor nos use em todas as ocasiões e em todos os lugares.

Estudos apontam que evangelismo no rádio e na TV, que são caros e complicados, atingem um grande número de pessoas, mas são de baixa eficiência, pois não há contato pessoal entre o evangelista e o evangelizado. Da mesma forma, um texto impresso em jornal, revista ou folheto é menos eficaz que um testemunho contado pessoalmente, de pessoa para pessoa.

Um pequeno grupo familiar, que realiza culto nos lares, pode ser mais eficaz que um grande e animado culto na igreja. Assim, como escolher os melhores locais para levar a mensagem do Evangelho? Vamos estudar sobre as vantagens e desvantagens de cada forma de evangelismo.

6.2 EVANGELIZAÇÃO NO TEMPLO

O templo era muito importante para os judeus, já que sua religião era do tipo legalista e ritualista. Por isso, todo judeu deveria comparecer ao templo em determinadas épocas para adoração. Jesus e os apóstolos aproveitaram esses momentos para evangelizar (Mt 21.16; At 3.6).

Atualmente, o templo não é nosso único local de adoração, mas ainda é um importante local de encontro para o povo de Deus. Por isso, deve ser aproveitado como ambiente de evangelização. Vejamos tornar mais efetivo o trabalho de evangelismo no templo.

6.3 AO RECEPCIONAR

A forma como recepcionamos as pessoas é fundamental para que abram o coração e aceitem melhor o trabalho de evangelismo. Devemos incentivar as pessoas a comparecerem aos cultos em nossa igreja e recepcionar de forma gentil e atenciosa todas as pessoas que visitam nosso templo. Quando recebemos um visitante, um crente experiente deve sentar-se ao lado dele e oferecer apoio, cedendo a bíblia e o hinário ao visitante e dando a ele as informações necessárias, para que se sinta à vontade e acolhido.

Ao final do culto, uma equipe treinada deve se aproximar dos visitantes. Agradecer pela visita, convidar para o culto seguinte e, se possível se informar sobre o endereço e telefone, visando uma visita pastoral. Tudo isso deve ser feito de forma discreta sem invadir a privacidade da pessoa. Quando é bem recebido e bem acolhido na igreja, a chance do visitante voltar é maior. Sua aceitação da mensagem evangelística também.

6.4 NO LOUVOR

O louvor tem várias funções durante o culto. A principal delas é adorar e exaltar o nome do Senhor. Mas a letra cantada tem uma potente função evangelística, pois transmite uma mensagem em meio à música, apelando a vários sentidos humanos. Diferente de uma narrativa ou pregação, o louvor tem o poder de fixar a mensagem na mente do ouvinte.

Por isso, os louvores devem ser criteriosamente selecionados, não somente para evitar mensagens indesejáveis, mas também para possibilitar mensagens evangelísticas importantes e oportunas. Assim, o louvor não deve ser visto somente como um "aquecimento" para o momento da pregação, mas também como um meio de pregação em si mesmo. Pensando nisso, os cultos precisam ser planejados e conduzidos visando a evangelização.

6.5 NA MENSAGEM PREGADA

O momento da mensagem é o ponto alto de nosso culto. A mensagem pregada é fruto de horas de planejamento, trabalho, oração, consagração por parte do pregador. Toda a igreja se concentra e se prepara para que esse momento seja instrumento da ação de Deus na vida dos crentes e dos visitantes. Por isso, para que ocorra um evangelismo eficaz por meio da pregação, é necessário reverência por parte da igreja.

6.6 NO MOMENTO DE DESPEDIDA

Despedir-se corretamente dos visitantes é uma forma de fixar os efeitos do evangelismo na mente e no coração dos visitantes. É necessário ser autêntico nas palavras de agradecimento, na demonstração de interesse e na satisfação

6.7 NOS RELACIONAMENTOS

A forma mais eficaz de comunicação é por meio do contato informal entre as pessoas. Acreditamos mais em um amigo que compartilha conosco uma experiência positiva do que em um profissional bem treinado que leva uma informação institucional.

Um grupo de pessoas evangelizando na rua é visto como a igreja em ação. Mas uma pessoa que conversa informalmente com o colega ou com os vizinhos é visto como um amigo que deseja ajudar.

6.8 VIZINHOS

Seu vizinho tem uma opinião formada sobre você. Que tipo de opinião, depende da forma como você se relaciona com ele, ou como você age de forma consciente ou inconsciente. Atitudes simples como descartar corretamente o lixo, limpar o quintal, lavar o carro, cuidar do cachorro, controlar o volume do som, cuidar das crianças e jovens formam sua imagem na mente do vizinho.

Algumas ações intencionais podem melhorar ou piorar sua imagem e fazer com que o vizinho aceite ou não sua abordagem e-vangelística:

- Cumprimentar gentilmente, de forma sincera seu vizinho;

- Ser gentil quando perceber que o vizinho está chegando, como abrir e fechar o portão para ele, ficar atento para que ele se sinta seguro quando chega tarde, etc.

- Tomar cuidado com o lugar onde estaciona o carro;

- Corrigir as crianças para evitar barulho em determinados horários;

- Respeitar o espaço do vizinho.

O bom relacionamento abre caminho para conversas agradáveis, cria oportunidades, abre caminho para o evangelismo, gera ocasião para convidar para um culto.

6.9 AMIGOS E COLEGAS

Os amigos e colegas costumam passar mais tempo conosco do que nossos familiares. Por isso, eles nos conhecem mais que nossos filhos ou cônjuges. Por isso, são pessoas que podem e devem ser alvo de evangelização. Mas, para que aceitem bem nossa abordagem, devemos ter com eles uma relação de respeito e de confiança.

Compartilhar com os colegas e amigos nossa experiência com Cristo é a melhor forma de evangelizá-los. Se cultivarmos um bom relacionamento, quando estiverem em crise poderemos dizer como Cristo tem nos apoiado e nos ajudado em situações semelhantes.

6.10 NO CAMPO MISSIONÁRIO

O termo "campo missionário" é entendido pela maioria dos cristãos como deslocamento para países estrangeiros com o objetivo de evangelizar. No entanto, Jesus nos comissionou para anunciar o evangelho primeiramente em nossa cidade, em nossa nação e finalmente em todos os cantos do mundo.

A primeira fase do campo missionário deve ser nos arredores de nossa casa: vizinhos, bairro, comunidade, cidade, estado, nação e finalmente o mundo.

Por isso, quem deseja fazer missões deve se dispor a sair pelas ruas, de casa em casa, nas escolas, empresas, etc e anunciar Jesus.

6.11 CAMPANHAS DE EVANGELISMO

A igreja pode promover campanhas de evangelismo, como cruzadas, congressos, conferências, caminhadas, encontros, etc. Cada evento deve ser cuidadosamente planejado. As pessoas devem ser organizadas em equipes e devidamente treinadas.

6.12 NAS RUAS

Uma boa forma de promover campanhas de evangelismo é formando grupos para evangelizar pessoas nas ruas. Isso pode ser feito abordando pessoas nas calçadas, praças, pontos de ônibus, unidades de saúde, porta de escolas e outros locais públicos.

Outra forma é realizando pequenos eventos em vias públicas, como pregação ao ar livre, apresentação de peças teatrais, apresentação musical, danças e outras formas de levar a palavra evangélica. Evidentemente, para ter bons resultados é necessário intencionalidade e planejamento.

6.13 NAS CASAS

O evangelismo nos lares é uma das formas mais eficazes de anunciar Jesus. Algumas igrejas nascem a partir de cultos nos lares. Isso ocorre desde os tempos da igreja primitiva. Há várias formas de evangelizar nos lares, como visitas, realização de cultos ou organização de pequenos grupos familiares.

A igreja deve ter grupos de pessoas treinadas para realizar visitas aos lares. Devem ser visitadas as famílias crentes, dos visitantes aos cultos, dos enfermos e das pessoas que estão passando por algum tipo de dificuldade pessoal, material ou espiritual.

Os cultos nos lares podem ser uma forma rotineira de cultos da igreja, organizados pela liderança da igreja ou por algum grupo, como o grupo de jovens, mulheres, homens, adolescentes, etc. São muito positivos porque nos lares há sempre alguém que precisa ser evangelizado.

Os pequenos grupos familiares são células de estudo bíblico e relacionamento realizados nas casas, agrupando algumas famílias que residem nas proximidades. Um de seus objetivos é proporcionar o evangelismo de familiares descrentes, vizinhos e amigos. A vantagem de evangelizar nos grupos familiares ou pequenos grupos é a geração de um ambiente de confiança e relacionamentos, o que quebra a resistência ao evangelismo.

6.14 NOS TRANSPORTES COLETIVOS

O transporte coletivo proporciona oportunidade de evangelismo. A abordagem das pessoas pode ser nas estações ou dentro dois veículos. Pode ocorre em ônibus, trens, balsas, navios e outros locais destinados ao transporte coletivo. É preciso treinamento das pessoas para esse trabalho.

Percebe-se que são muitos os locais onde pode ser realizado o trabalho de evangelismo. Percebe-se também que é necessário preparação e treinamento para que esse trabalho seja bem produtivo.

Mesmo quando evangelizamos por meio do testemunho pessoal, falando com nossos amigos, colegas e vizinhos, devemos estar preparados em oração, comunhão com Deus e fundamentados na Palavra de Deus, lembrando-nos sempre que a obra é do Senhor, de que somos apenas servos.

7 - TEMPO DE EVANGELIZAR

Depois de estudar as ocasiões e lugares mais adequados ao ato de evangelismo, chega a hora de falar sobre métodos e recursos para levar a palavra de Deus. Nem sempre os métodos usados na antiguidade serão eficazes hoje, pois o tempo mudou e as pessoas vivem hoje de forma diferente do que viviam antigamente. No entanto, o fato é que mesmo nos tempos mais antigos muitos métodos e técnicas foram empregados para levar a palavra de Deus. Os métodos e técnicas são recursos úteis ao evangelismo.

Vamos ver o que a Bíblia fala sobre métodos e técnicas e pensar nos recursos que temos hoje para levar a palavra de Deus. Vamos também discutir sobre a eficácia e os cuidados que devemos ter conforme os recursos que pretendemos utilizar.

O fato é que a palavra de Deus é dinâmica, e nada justifica deixar de levar o evangelho alegando falta de recursos. Deus, em sua infinita sabedoria, nos mostra que há muitas formas para cumprir sua vontade. Basta que estejamos dispostos.

Paulo afirmou que usaria todos os meios necessários para levar alguns a Cristo. Ele se preparou para ser sábio diante dos sábios e sujeitou-se a ser simples diante dos simples (1 Co 9.22). A história de Paulo mostra que de fato ele agiu dessa forma, sabendo como proceder em todos os lugares onde esteve.

7.1 COMO POSSO EVANGELIZAR?

A forma mais básica de evangelizar é falar com as pessoas frente a frente, em um diálogo aberto e sincero. Sempre que possível, devemos procurar essa forma de evangelismo. Uma visita vale mais que um telefonema. Um telefonema vale mais que uma mensagem de texto. Uma mensagem de texto vale mais que uma postagem no Facebook.

O mesmo vale para os métodos de pregação. Uma reunião no lar, somente com a família, vale mais que uma reunião no lar com um grande grupo de pessoas. Um culto com poucas pessoas pode ser mais abençoador que um culto com a igreja cheia. Tomar um café na casa da pessoa e falar do amor de Deus pode ser muito mais importante do que levar essa pessoa a um grande evento evangélico.

Como acontecia o evangelismo na antiguidade? Vamos estudar sobre isso e aprender com as Escrituras.

7.2 COMO ALCANÇAR AS PESSOAS

Na antiguidade não existia nada dos recursos que usamos hoje. Não havia microfone, caixa de som, telefone, computador, televisão, rádio, nada disso. As pessoas só podiam contar com a força da voz e com a criatividade.

Mas isso não impediu que Jesus, Pedro, Paulo, Moisés, Josué falassem com multidões e fossem capazes de chegar a cada pessoa, com uma poderosa mensagem de salvação. Como isso era possível? O fato é que a Bíblia revela a importância de usar metodologias adequadas a cada tipo de trabalho. O uso de métodos e técnicas não suprime ou limita a ação do Espírito Santo. Aliás, é dever cristão usar tudo que temos para obter sucesso na evangelização.

7.3 FALAR COM MULTIDÕES

Para falar com multidões, ou em lugar aberto, é preciso levar em conta uma série de questões. A primeira delas, é o tipo de mensagem. A segunda, o tipo de equipamento e finalmente o tipo de lugar.

Quanto à mensagem, quando nos dirigimos a multidões ou falamos em público, fora do templo, temos que considerar que as pessoas terão dificuldade para acompanhar um raciocino longo e se prender a detalhes por muito tempo. Assim, a mensagem deve ser direta, enfática, simples, clara e rápida. A pregação não pode durar mais que vinte minutos. De preferência menos que isso. Deve ser simples, clara e enfática porque pessoas de todo tipo estarão sendo alcançadas. O melhor é falar sobre pecado, justiça, condenação e salvação. Mostrar o efeito do pecado e o poder da misericórdia de Deus.

Quanto ao equipamento, deve-se usar amplificadores e caixas de som capazes de reproduzir a voz humana com clareza de forma agradável. Um equipamento bom para a igreja pode ser péssimo para o ar livre. Não é o volume que conta, mas sim a clareza e o tom agradável. Na antiguidade, quando não havia recursos tecnológicos, a pregação em lugares públicos era realizada por meio de recursos de acústica, retórica e organização de grupos.

Quanto ao lugar, deve-se dar preferência a ambientes onde as pessoas permanecem ouvindo. Não tem sentido fazer um culto longo em uma estação de trem. Mesmo que tenha muita gente no local, elas estão em movimento, e não acompanharão o culto. Se o ajuntamento de pessoas for provocado e elas permanecerem no local, é bem melhor, como ocorre nas cruzadas de evangelismo.

7.4 FALAR COM PEQUENOS GRUPOS

Quando falamos com pequenos grupos, como nos cultos familiares, células, classes de EBD e visita nos lares, é necessário buscar formas para atingir todos os presentes. É interessante abrir espaço para a interação entre as pessoas, para a participação, para as perguntas e respostas, para os diálogos. Hoje, é possível falar em grupo pessoalmente ou nas redes sociais.

Vemos na Bíblia centenas de casos de evangelismo em pequenos grupos. Isso aconteceu nos templos, nas praças, nas ruas, nas casas, no trabalho e em outros lugares.

7.5 FALAR COM INDIVÍDUOS

Falar com indivíduos é sempre melhor. Isso pode acontecer dois a dois ou em grupos de duas ou três pessoas. Quando há uma terceira pessoa é bom para aliviar as tensões. Por isso, Jesus enviou seus discípulos de dois em dois.

A linguagem deve ser descontraída, alegre e natural. Deve-se quebrar o gelo com uma abordagem trivial e em seguida levar cuidadosamente a mensagem do evangelho. Isso pode ser feito pessoalmente ou por meio das redes sociais como o WhatsApp e outras.

7.6 RECURSOS TECNOLÓGICOS

Hoje temos uma grande quantidade de recursos tecnológicos, como o telefone e as redes sociais, a internet, a música eletrônica e outros. Mas, como os povos do tempo bíblico se arranjavam para evangelizar?

João afirma que os milhares de Jesus foram anotados para que os leitores fossem capazes de crer em Jesus. Vemos que livros, cartas, reuniões familiares, reuniões sociais eram formas de evangelizar.

7.7 MILAGRES

Muitas vezes pensamos que Jesus curava as pessoas simplesmente para que elas ficassem livres de suas doenças e sofrimentos. Mas nem todas as pessoas do tempo de Jesus foram curadas. Muitos morreram de doença ou por outras causas nas mesmas cidades onde Jesus estava pregando. Então, por que aconteceram milagres?

Podemos ver isso quando Deus mandou Moisés sair do Egito. Foram realizados dez milagres sobrenaturais, também chamados de dez pragas, como recursos para que as pessoas entendessem que só o Senhor é Deus.

Quando Moisés se preparava para escolher a família sacerdotal, também aconteceu um milagre. Deus mandou que o cajado de cada chefe de família fosse colocado em um lugar fechado, por uma noite inteira. Os cajados eram varas de madeira velha e curtida. O cajado que estivesse verde ao amanhecer, seria da família sacerdotal. O cajado de Arão, além de amanhecer verde, tinha folhas, flores e frutos, em pleno deserto, mostrando que ele era o escolhido de Deus.

Vemos também que todos os milagres de Jesus estavam associados a uma importante lição para o povo. Isso aconteceu com o mar que se acalmou, a pesca maravilhosa, a cura de Lázaro, a cura dos leprosos, etc.

7.8 PARÁBOLAS

Hoje costumamos usar dinâmicas para facilitar o ensino do evangelho nos pequenos grupos. Jesus usava parábolas. As parábolas são histórias reais ou fictícias que ajudam a compreender uma verdade complicada.

Muitas vezes, no início de uma pregação, contamos uma pequena história para introduzir o assunto que será pregado. Não devemos contar histórias inventadas como se fossem verdades, mas mesmo uma história ou anedota pode ser o ponto de partida para iniciar uma conversa de evangelismo.

7.9 EVENTOS SOCIAIS

Um recurso interessante para evangelizar são os eventos sociais. Quando realizamos eventos como um almoço comunitário, um jantar para casais, um chá da tarde ou um café da manhã, estamos criando importantes oportunidades de evangelismo.

É interessante organizar almoços em nossa casa e convidar pessoas para estar conosco. São formas de fortalecer a comunhão, captar amigos e parceiros e criar oportunidades para evangelizar.

Essa é uma das razões que nos levam a comemorar o aniversário, comemorar festas como Natal e Dia dos Pais, fazer cultos em nossos lares. Tais ocasiões são preciosas para anunciar a palavra de Deus.

7.10 E AS REDES SOCIAIS?

Hoje é difícil uma pessoa que não tenha um smartphone com aplicativos de comunicação, como os grupos sociais e as redes sociais. Esses recursos são importantes, mas muitas vezes surtem efeitos indesejados, se não tomarmos cuidado.

É importante considerar que as redes sociais alcançam um grande número de pessoas, mas tem baixo impacto individual. Por isso, não se deve iludir com o número de contatos cadastrados em um grupo e pensar que a mensagem será eficaz em todos eles.

7.11 CUIDADO COM A ETIQUETA

Da mesma forma que existem etiquetas para visitar uma casa ou em uma conversa pessoal, existem também boas práticas e etiquetas na comunicação pelas redes sociais. Não se deve invadir a privacidade dos outros, dizer o que não seria dito pessoalmente, respeitar as pessoas, respeitar o direito de intimidade e privacidade e saber que todos são livres para ser ou não nossos amigos.

Não é porque estamos levando a Palavra de Deus que as pessoas são obrigadas a ler o que estamos escrevendo, concordar conosco e nos aceitar. As pessoas são livres e devemos respeitar isso.

7.12 CUIDADO COM A EDUCAÇÃO

Nossos pais nos ensinaram uma série de regras de educação em nosso relacionamento com os outros. E isso vale para as redes sociais. Devemos ser educados, pedir "por favor", cumprimentar, agradecer, pedir desculpas, saber entrar e sair de uma conversa.

Além disso, é importante saber que uma conversa pelas redes sociais fica gravada, e pode ser usada como prova se a pessoa se sentir invadida, ofendida ou desrespeitada. Em uma denúncia ou processo judicial, a conversa de WhatsApp serve como prova.

7.13 CUIDADO COM A DISCRIMINAÇÃO

Discriminar pessoas no dia a dia já é horrível. Fazer isso nas redes sociais pode ser ainda mais grave. Por isso, devemos tratar todos com respeito e consideração. Nosso problema é com o pecado e não com as pessoas. Assim, devemos respeitar as opções, escolhas e o comportamento individual, tomando cuidado para não discriminar ou ofender ninguém em nossa tentativa de evangelizar.

Finalmente, devemos por todos os meios e com todos os recursos levar o evangelho. Na falta de alta tecnologia, podemos usar os exemplos bíblicos e os recursos mais simples, há tanto tempo usados. A tecnologia contemporânea deve ser vista como uma ferramenta, não como a única forma de evangelizar.

Mas em todos os casos devemos nos guiar pelos princípios do bom senso, cautela, respeito pelas pessoas, sinceridade, seriedade e temor a Deus. Não é contra a carne e contra o sangue que lutamos, mas contra o pecado, os poderes das trevas e as algemas que aprisionam as pessoas ao sofrimento, longe de Jesus.

8 - OS TIPOS DE PESSOAS

Jesus lidou com vários tipos de pessoas ao longo de seu ministério. Inicialmente, alguns que não entendiam a missão de Cristo discutiam sobre qual deles era o maior. Então, ele toma um menino e diz que servi-lo é dar atenção a todos os tipos de pessoas, inclusive as crianças. Em Lucas 9:46-56, os discípulos tentam impedir que alguns estranhos ministrassem no nome de Jesus e o próprio Cristo lhes dá uma lição de tolerância. Depois, dois discípulos pedem autorização para fazer descer fogo destruidor sobre uma cidade que rejeitou o evangelho.

Isso mostra que em nossa caminhada encontraremos pessoas de todos os tipos. As mais calmas, as agitadas e nervosas, as pacientes, as jovens, as idosas, os orgulhosos, os humildes, aqueles que rejeitam a mensagem do evangelho, aqueles que tentam copiar nosso comportamento e anunciar o evangelho sem ter uma vida de experiência com Cristo. Jesus nos mostra que temos que ser pacientes, tolerantes e sábios ao lidar com as pessoas.

É preciso lembrar que nosso objetivo é cumprir o IDE de Jesus e evangelizar todas as pessoas. Mesmo que para isso tenhamos que sofrer perseguições, discriminação e lidar com pessoas de natureza e comportamento estranho aos nossos costumes.

8.1   COMO LIDAR COM AS PESSOAS

Uma coisa importante que aprendemos com Jesus é que as pessoas precisam ser respeitadas e ao mesmo tempo confrontadas com a verdade. Evangelizar é uma forma de confronto, pois o Evangelho invade o comodismo das pessoas em relação ao pecado para fazer com que elas caiam em si e mudem de comportamento.

No entanto, Jesus e os apóstolos deixam claro que o problema que enfrentamos está na vida de pecado das pessoas, e não nas pessoas em si mesmas. Vemos Jesus tratando com respeito pessoas que eram discriminadas na sociedade, entre elas, leprosos, prostitutas, estrangeiros, alguns profissionais como cobradores de impostos.

Jesus também ensina seus discípulos a respeitarem os direitos das crianças, das mulheres, dos prisioneiros e de outras categorias de pessoas que eram desprezadas pelos religiosos da época. Vamos tratar nessa lição sobre a diferença entre as pessoas e como devemos lidar com essa questão no evangelismo.

8.2   TODOS SOMOS IGUAIS

Uma grande verdade bíblica é que não tem ninguém melhor ou pior que os outros aos olhos de Deus. A lei, o pecado e a graça de Deus nivelam todos os homens. Vemos que todos pecaram, não há ninguém que possa se dizer isento do pecado, todos se afastaram de Deus, todos fracassaram em relação ao cumprimento da lei de Deus e todos carecem da graça e misericórdia de Deus.

A única diferença entre as pessoas é que alguns ouviram a voz de Deus e creram, e outras não. Mesmo nós, que andamos na presença de Deus, não podemos nos considerar melhores que os pecadores, pois é pela graça de Deus que fomos alcançados e somos salvos.

8.3   NEM MELHORES NEM PIORES

Alguns crentes pensam que nosso objetivo é fazer com que os outros deixem de pecar e se tornem membros de nossa igreja. Isso é um grande erro. O objetivo do evangelho é mostrar que toda a humanidade está sob o efeito do pecado e só haverá esperança para aqueles que buscam socorro aos pés de Jesus.

Do ponto de vista da salvação do homem, mesmo as pessoas mais caridosas e éticas estão tão perdidas quanto o mais terrível criminoso. Evidentemente, as virtudes humanas são importantes para o convívio social e há méritos humanos para uma vida correta e íntegra. Mas isso não é suficiente para tornar uma pessoa "merecedora" de salvação. Aliás, ninguém merece ser salvo. Somos salvos pela bondade e misericórdia de Deus.

Saber que estamos todos no mesmo barco deveria ser para nós uma lição de humildade e tolerância. Jesus tratou ladrões, criminosos e pecadores da mesma forma que tratava os religiosos e até mesmo seus discípulos: com respeito e com palavras de esperança.

8.4   MOSTRAR A GRAÇA DE DEUS

Portanto, ao evangelizar devemos sempre destacar a graça de Deus. Se vamos falar sobre nós mesmos, deve ser para mostrar o quanto Deus foi bom para conosco. Se é para falar de nossa igreja, devemos mostrar o quanto Deus se faz presente em nossos momentos de comunhão. Evangelho é poder de Deus. Não é propaganda da igreja e nem exaltação de nossa própria vida pessoal. Só há um nome mediante o qual seremos salvos: o nome de Jesus.

8.5 LEVAR ESPERANÇA EM JESUS

Mostrar que todos são pecadores e que Deus salva por sua graça e bondade é uma mensagem de esperança. Muitas pessoas vivem presas por causa de seu passado, achando que não merecem ser salvas por Jesus. Vamos encontrar pessoas carregadas de traumas, culpas, pecados, crimes, que pensam que tudo está perdido para elas.

Ao anunciar a graça de Deus, levamos esperança para aqueles que estão caídos e desesperados. Estendemos uma corda ou uma bóia para aqueles que estão se afogando no mar de pecados e de culpa. É por isso que a frase "Jesus te ama" tem o poder de salvar pessoas e mudar a vida daqueles que a sociedade considera completamente perdidos.

8.6 AS DIFERENÇAS HUMANAS

A sociedade não gosta de pessoas diferentes. Todos os grupos sociais possuem um padrão considerado "normal". Quem não se ajusta ao padrão é considerado estranho e discriminado. Isso acontece desde os tempos mais antigos.

Os judeus rejeitavam qualquer pessoa fora do padrão: muito alto, muito baixo, deficientes físicos, doentes, estrangeiros, etc. Além disso, os judeus discriminavam crianças, idosos e mulheres. Em muitas sociedades antigas, somente homens adultos e fortes podiam votar e ser votados, ou manifestar sua opinião em público.

É por isso que há na Bíblia tantas leis em defesa dos diferentes, para diminuir a discriminação que pairava sobre eles. João nos alerta em relação a isso, apontando que não devemos privilegiar pessoas por sua classe social, pois Deus não faz acepção entre as pessoas. Temos que evitar os preconceitos e discriminação.

8.7 TEMPERAMENTO

Outra diferença que encontramos muito frequentemente entre as pessoas é o temperamento. Alguns são calmos e pacíficos, outros são agitados e decididos, outros são irritados e nervosos, outros são desconfiados e cínicos. Isso tem a ver com traços da personalidade ligados à família ou à vida social das pessoas.

Jesus teve que lidar com o nervosismo e impetuosidade de Pedro, com a timidez de Zaqueu, com a desconfiança de Tomé. Teve também que lidar com pessoas feridas pelos traumas sociais, como a mulher pecadora, a samaritana e outras.

Cada tipo de temperamento nos apresenta um desafio. Independente de ser colérico ou melancólico, todo homem precisa ouvir que é um pecador e que precisa da graça e misericórdia de Deus. Para cada tipo de pessoa, devemos usar uma abordagem adequada, para que a mensagem do evangelho seja levada a todos.

8.8 CLASSES SOCIAIS

Na Bíblia vemos que a sociedade antiga era dividida em classes, onde alguns eram senhores e outros eram escravos. Havia ainda a classe religiosa e os poderosos governantes. Mas a orientação bíblica é que a todos os homens, independente de sua situação social, seja anunciado que somente em Jesus há salvação. Todos, sejam senhores ou escravos, devem servir a Jesus.

Atualmente, no Brasil, não há uma classe de escravos oficialmente reconhecida. Sabemos que somos explorados pelo sistema capitalista e que muitos de nós são escravos dos bancos e do sistema de crédito. Também trabalhamos em regime de quase escravidão, tendo que sofrer muito para obter nosso sustento.

Mas nossas lutas sociais ou políticas não devem nos tirar do foco do Evangelho. Devemos nos indignar diante das injustiças, mostrar que Deus não aprova os injustos, mas devemos também saber que mais importante que libertar socialmente uma pessoa é dar a ela a libertação de seus pecados por meio da mensagem da cruz.

8.9 AS VÍTIMAS DE VIOLÊNCIA

Há muitas formas de violência no mundo em que vivemos. Além da violência física, onde as pessoas são alvo de agressões, assaltos, assassinatos, há violências contra a dignidade humana, como as injustiças e exploração das pessoas. Muitas pessoas estão traumatizadas, e outras são exploradoras. Mas todas elas precisam encontrar paz nos braços de Jesus.

8.10 CUIDADO CONOSCO MESMOS

Paulo alertou Timóteo que haveria no mundo pessoas de todo tipo. Por um lado, homens dissolutos, sem limites, sem amor ao próximo. De outro, pessoas sem temor de Deus que se entregavam livremente a todo tipo de pecado. Mas disse a ele que ficasse fora das confusões e se firmasse na palavra de Deus. "Tu, porém..." mantenha-se livre desses embaraços.

8.11 SOMOS DISCRIMINADORES?

Ao longo da história, vemos que pessoas religiosas sempre foram grandes fontes de discriminação de pessoas e de propagação da injustiça. Jesus criticou religiosos de sua época que impunham peso demasiado sobre as pessoas e que não manifestavam em seu comportamento o verdadeiro amor de Deus.

Por isso, as Escrituras nos alertam para a necessidade de expor a presença de Deus em nossas vidas em forma de ações externas de amor, paciência, tolerância, cooperação e comunhão. Devemos orar pelos nossos adversários e amar nossos irmãos. Caso contrário, não seremos capazes de amar a Deus.

8.12 COMO LIDAR COM OS DIFERENTES

Tiago ensina de forma profunda a necessidade de materializar a fé em forma de obras. Ele alerta que de nada adianta falar sobre o amor de Deus e nossa fé em Cristo se nossas atitudes não demonstram a mudança que Cristo fez em nossa vida.

Um dos assuntos que Tiago aborda é a discriminação de pessoas. Ele mostra claramente como somos atenciosos e gentis com as pessoas ricas e poderosas que visitam nossas igrejas e como desprezamos as pessoas de aparência humilde e os pobres. Isso acontecia há dois mil anos e continua acontecendo!

Parece que nós, que proclamamos o amor de Deus, na prática somos especializados em classificar as pessoas conforme suas aparência externas e conforme seu comportamento.

8.13 CONTRA O PECADO

Não temos que concordar com o comportamento das pessoas. Devemos mostrar o que é pecado e que Deus não se agrada do pecado. Mas não devemos discriminar as pessoas, nem julgar se serão salvas ou não. Todo tipo de pecado é grave para Deus. Assim, não somos melhores que os demais pecadores. Por isso, não temos o direito de discriminar as pessoas.

Devemos pedir a Deus que nos conceda estratégias adequadas para lidar com cada situação que vamos encontrar. Ter sensibilidade para ouvir e ajudar pessoas que, aos nossos olhos, não tem como ser mudadas. Precisamos tratar com respeito e atenção a todos: pecadores, viciados, criminosos, doentes mentais, surdos, mudos, deficientes visuais, idosos que já não possuem uma mente funcional, crianças, etc.

Muitas vezes, nem precisamos pregar, falar e fazer apelos. Basta dar atenção, mostrar que o amor de Deus flui em nossas vidas e que somos capazes de amar e respeitar as pessoas. O Espírito Santo de Deus é que age e dá os resultados.

9 - O PLANO DA SALVAÇÃO

Vimos até agora muita coisa sobre quando evangelizar, por que evangelizar, os efeitos do evangelho sobre o homem, a determinação de Deus quanto ao dever de evangelizar. Neste estudo vamos mudar um pouco o foco para tratar do principal objetivo da evangelização: mostrar às pessoas como Deus planejou e executou a salvação do homem.

Esse é um assunto complexo, que não pode ser devidamente estudado em um texto tão pequeno, mas vamos procurar apresentar os principais conceitos, abrindo espaço para outros momentos de estudo. Mas vamos também apresentar uma forma resumida de levar o plano da salvação às pessoas, de forma que em uma rápida conversa seja possível levar essa mensagem ao homem pecador.

Muita coisa controversa sobre o tema deixará de ser discutida nessa lição. Afinal, nos basta saber qual seria nosso destino como pecadores e a mudança que o sacrifício de Cristo operou em nossa vida. Um sacrifício que mudou nossa natureza de homens condenados para filhos de Deus.

Muitas vezes, no ato de evangelismo, as pessoas perguntam "o que é salvação" ou "de que preciso ser salvo". Parece óbvio para o cristão, mas o pecador perdido nem mesmo percebe que está perdido, pois está morto em seus delitos e pecados (Rm 3.10-23).

9.1   O QUE É SALVAÇÃO?

Salvar significa colocar em lugar seguro algo ou alguém que, se não fosse feito isso, estaria perdido. Quando um agente da Defesa Civil estende uma corda para alguém que está sendo arrastado pela correnteza, permitindo que essa pessoa escape, ocorre um salvamento. A mesma coisa quando os bombeiros entram em um apartamento em chamas e retiram uma pessoa que está desmaiada, incapaz de se livrar das chamas, dizemos que a vida dessa pessoa foi salva.

Há muitas situações em que alguém precisa ser salvo, e seria repetitivo citar todas. Mas há alguns elementos que sempre estão presentes no processo de salvar alguém:

- Livrar alguém da possibilidade de morrer;

- Tirar alguém de uma situação de perigo;

- Socorrer alguém que está desesperado;

- Ajudar alguém que não pode se livrar sozinho;

- Ajudar alguém que não pediu ajuda, ou que está incapacitado para se salvar sozinho.

9.2   SALVAR DE QUE?

Deus criou o homem santo e perfeito. O homem poderia ter vivido eternamente em comunhão com Deus, desfrutando de Sua presença, em paz, sem sofrimento. No entanto, uma das características do homem é ser livre. E a humanidade usou essa liberdade da pior forma possível: desobedecendo a Deus e perdendo todos os privilégios de ser a imagem e semelhança de Deus.

O pecado tirou do homem muita coisa. Uma delas foi a liberdade. Após pecar, o homem se tornou escravo do mal, prisioneiro de um corpo corrompido e condenado à morte, inimigo de Deus, incapaz de decidir seu próprio futuro, condenado a carregar a culpa pelo pecado e o sofrimento que nasce dessa culpa.

O homem tornou-se alguém que precisa ser salvo. Salvo da condenação eterna, da ira de Deus, das algemas que o prendem ao pecado, das limitações que resultam da morte pelo pecado.

9.3 O PLANO ETERNO DE DEUS

Logo depois de pecar o homem entrou em pânico. Sem saber o que fazer, decidiu fugir de Deus e se esconder. Claro que não deu certo. Deus chamou por Adão, que em vez de confessar seu pecado, arranjou dezenas de desculpas: estou com vergonha, estou nu, fui enganado, não sabia o que estava fazendo, etc.

Imediatamente Deus proveu uma solução: foi derramado o sangue de um animal, para que a vergonha do homem fosse escondida, e a separação entre Deus e o homem fosse provisoriamente removida. Ainda que provisória, essa ação graciosa de Deus permitiu ao homem receber a promessa de uma solução definitiva: a vitória do homem contra o pecado. Mas, para que o homem pudesse ser definitivamente salvo, era necessário aprender algumas lições que vamos estudar a seguir.

9.4 A INCAPACIDADE HUMANA

Quando ofendemos uma pessoa, não tem como corrigir o problema sem que a pessoa ofendida decida nos perdoar. Considerando que Deus é absoluto em santidade e que o pecado humano jamais poderia ser corrigido por iniciativa humana, Deus preparou meios para mostrar ao homem a dimensão de seu pecado e a incapacidade humana para se livrar dos pecados. Assim, fica clara necessidade de livramento por meio do perdão incondicional por iniciativa do próprio Deus.

9.5 OS PACTOS E ALIANÇAS

O Antigo Testamento mostra que Deus propôs à humanidade vários pactos e alianças que, se fossem cumpridos, poderiam livrar o homem do pecado e levá-lo à salvação. Claro que Deus sempre soube que o homem seria incapaz de ser fiel aos pactos e alianças. Uma das principais funções desses pactos é mostrar ao homem sua incapacidade para ser salvo por meio de suas obras, mesmo diante da demonstração clara da bondade e fidelidade de Deus.

- Sempre que Deus fez alianças com o homem, essa aliança foi rompida pela infidelidade humana;

- Todos os recursos para apontar a remissão de pecados em forma de cultos e sacrifícios foram distorcidos pela corrupção do coração humano;

- Toda iniciativa de Deus para se relacionar com o homem foi rejeitada, distorcida ou transformada em idolatria e legalismo.

9.6 A SOLUÇÃO DEFINITIVA

O Antigo Testamento deve ser visto não como uma tentativa que não deu certo, mas como uma exposição da incapacidade do homem para ser fiel a Deus. Nenhum homem foi capaz de se salvar por meio da Lei ou por meio dos sacrifícios.

O homem no Antigo Testamento não conseguiu perceber seu estado de morte no pecado, nem percebeu a mão de Deus estendida para salvá-lo. Por isso, Jesus não cancela os ensinos presentes no Antigo Testamento, mas apresenta seu verdadeiro significado.

9.7 A MORTE DE JESUS

A salvação em Jesus resulta de uma série de fatores:

- Sendo homem, ele não pecou, sendo o único capaz de resistir a todas as tentações e manter-se fiel ao Pai. A fidelidade de Jesus anula a infidelidade humana, de modo que a culpa humana deixa de existir.

- Mesmo não tendo pecado, ele sofreu todas as penas lançadas sobre o homem ao pecar. Assim, o castigo sobre um justo anula a culpa do pecador que mesmo sendo castigado não podia deixar de levar sua culpa. Basta comparar a condenação que Deus lançou sobre o homem ao pecar: lidar com espinhos, ser expulso para fora do jardim, regar a terra com seu suor e com seu sangue, sofrer dores, ser perseguido e morto. Tudo isso Jesus sofreu, para que pudéssemos ser salvos;

- O pecado gera a condenação à morte. A condenação à morte do único homem sem pecado remove a culpa pelo pecado;

- A morte é o destino final de todo ser humano por causa do pecado. Ao morrer e ressuscitar, Jesus vence a morte, deixando a ressurreição e a vida como herança e legado todo aquele que nele crer.

9.8 QUEM MERECE SER SALVO?

A salvação é um ato que depende da decisão unilateral de Deus. Ninguém merece ser salvo. Não há nada que o homem possa fazer para ser salvo. Não há ninguém que se destaque dos outros e que de alguma forma possa ser merecedor do perdão de Deus.

Por melhor que seja uma pessoa, por mais que faça coisas boas, por mais ética e correta que seja, ainda continua sendo culpada por seus pecados e nunca alcançará o padrão de santidade exigido por Deus. Assim, não há esperança para o homem, a não ser que Deus decida salvá-lo unicamente por sua vontade.

O fato de sermos salvos pela graça de Deus coloca toda a humanidade no mesmo nível. Todos somos pecadores, todos somos culpados, todos estaríamos condenados se não fosse pela graça de Deus. Assim, nenhum de nós é melhor ou pior que os mais puros e éticos homens ou que os piores e mais terríveis pecadores. Ao olhar para nós, Deus vê somente seres pecadores e dignos de ira e destruição.

No entanto, Jesus se coloca entre nós, pecadores, e Deus Pai, absolutamente santo. Assim, ao olhar para nós que estamos em Cristo, nossa imagem de pecadores é totalmente transformada na imagem da pureza de Cristo. Por isso, nenhuma condenação há para os que estão em Cristo Jesus.

Assim, tudo que precisamos fazer para sermos salvos é responder com fé e gratidão à graça de Deus em Cristo Jesus.

9.9 COMO SER SALVOS?

A Bíblia tem uma resposta a essa pergunta: crê no Senhor Jesus e serás salvo. Para crer, é preciso ter fé. Para ter fé, é preciso ouvir a palavra de Deus. Para ouvir, é preciso que alguém anuncie. Assim, para ser salvo é necessário abrir o coração para a revelação de Cristo por meio das Escrituras.

Jesus diz claramente que quem ouve a sua palavra e a pratica é comparado ao homem sensato, que edifica para si uma casa sobre a rocha. (Mt 7.24). por isso, cabe a nós proclamar o evangelho, para que ouvindo as boas novas de salvação, as pessoas possam chegar a Jesus e serem salvas.

9.10 QUEM EVANGELIZA

Para quem está envolvido na obra de evangelização, é preciso ter em mente que essa é uma tarefa nobre. Não se trata simplesmente de falar sobre nossa religião, Trata-se de estender uma oportunidade de salvação a alguém que está à beira da destruição. Evangelismo é questão de vida e de morte.

Assim, a missão de evangelizar deve ser vista como um ato de extrema urgência. Não há nada mais importante em nossa vida do que a ordem de Jesus: ide e anunciai.

9.11 QUEM RECEBE O EVANGELISMO

Devemos pedir a Deus que nos permita incutir nas pessoas a verdadeira dimensão da urgência do evangelismo. Não podemos ficar perdendo tempo com técnicas e métodos que não surtem efeitos. Os campos estão maduros e aguardando pela colheita.

Um campo maduro significa duas coisas: está pronto para ser colhido e representa uma oportunidade de riqueza e sustento. Mas, se não for colhido com a urgência requerida, tudo será perdido. Assim, devemos sair para o evangelismo como um bombeiro que entra em um apartamento em chamas: tomando todo cuidado possível, usando todas as técnicas disponíveis, recebendo todo o treinamento necessário e com o devido senso de urgência e de responsabilidade.

9.12 O QUE DIZER ÀS PESSOAS?

Diga simplesmente que todo sofrimento humano é fruto do pecado. Talvez não do pecado individual, mas com certeza da natureza pecaminosa de todos nós.

Diga que Jesus levou sobre si todo o sofrimento necessário para que pudéssemos viver em paz. Que ele sofreu para aliviar nosso sofrimento. Que ele morreu para que pudéssemos ter vida. Que ele ressuscitou para que tivéssemos esperança.

Diga que ninguém precisa se tornar bom e santo para merecer a salvação em Cristo. Que tudo que precisamos está em Jesus e que nossa vida se transforma após nosso encontro com Jesus. Convide as pessoas para conhecerem as escrituras, a fonte de fé para a salvação.

Nossa missão como evangelistas é nobre e urgente. Todo e-vangelista deveria sentir-se como um bombeiro indo para o trabalho, ou como um médico quando está recebendo a maca com um ferido, sabendo que suas atitudes fazem a diferença na vida das pessoas.

10 - RESULTADOS DA EVANGELIZAÇÃO

Estudamos até agora diversas questões relacionadas ao evangelismo. Deu para perceber que evangelizar é uma tarefa complexa. No entanto, o que fazer depois do ato de evangelizar é ainda mais desafiador.

Primeiramente, é importante entender que o ato de evangelizar é um ato contínuo, ou seja, não se encerra depois que visitamos, distribuímos material evangelístico e realizamos um encontro de evangelização. Precisamos dar continuidade por meio de ações capazes de complementar e consolidar o ato evangelístico.

A fase posterior à evangelização costuma ser chamada de discipulado, que é uma longa caminhada que fazemos com as pessoas que estão iniciando sua caminhada cristã.

Há muitas formas de discipulado, conforme veremos neste estudo. Todas delas se iniciam logo após à semeadura. Trata-se do cuidado prolongado que precisamos ter com aqueles que, por meio de nosso trabalho, foram levados até Jesus.

Muitas vezes, a igreja é altamente engajada com o evangelismo, mas negligencia no processo de fixação das pessoas evangelizadas. Fixar não significa somente fazer da pessoa um membro da igreja, mas principalmente fazer dela um discípulo de Cristo.

10.1 O QUE FAZER AGORA?

Essencialmente, o discipulado acontece da mesma forma em todos os lugares: caminhamos com a pessoa, ensinando pelo exemplo, pela exposição bíblica e pela orientação por muitos meses. A forma de fazer isso é que muda conforme a igreja, ou conforme o lugar.

Alguns chamam sua estratégia de discipulado de "visão", como se fosse uma coisa totalmente nova. Isso é impróprio, já que os princípios do evangelismo se encontram nas Escrituras, e todas as técnicas usadas hoje são apenas variações do princípio geral.

Basicamente, o discipulado consiste em:

- Formar um pequeno grupo de pessoas;

- Realizar estudos bíblicos em grupos;

- Ensinar os princípios cristãos;

- Ensinar a forma de viver de nossa igreja;

- Preparar as pessoas para o crescimento;

- Ensinar sobre o novo nascimento;

- Formar relacionamentos;

- Desenvolver a comunhão.

10.2 O QUE É UM DISCÍPULO?

Discípulo é aquele que procura aprender e se relacionar com uma pessoa mais experiente, chamada de mestre. Para ser um discípulo, é preciso reconhecer que há algo que precisa ser aprendido e se dispor a aprender. Uma pessoa só irá aceitar ser discípulo depois que se converter, pois antes disso, a pessoa pensa que já sabe de tudo e que não precisa ser ensinada. Por isso, o discipulado verdadeiro acontece após a evangelização e a conversão.

Portanto, para ser um discípulo, é preciso:

- Aceitar a orientação de outro;

- Entender que precisa de orientação;

- Ser humilde e submisso;

- Respeitar seu mestre;

- Aceitar a vida comunitária.

10.3 JESUS, O MESTRE VERDADEIRO

Em uma relação de aprendizado, sempre pensamos em duas pessoas: o professor e o aluno. No discipulado também existem duas figuras: o discípulo e o mestre. No entanto, na vida cristã só existe um mestre: Jesus. Todos somos discípulos dele.

No entanto, muitas escolas inserem um terceiro personagem nessa relação, chamado de Tutor. Outros nomes para tutor é orientador, supervisor, facilitador, líder de grupo, etc.

Significa que entre o mestre e o discípulo haverá um discípulo mais experiente, capaz de facilitar a aprendizagem do menos experiente. No final das contas, o facilitador ou tutor não ensina nada de si mesmo, mas somente reproduz e explica os ensinos do mestre.

10.4 CARACTERÍSTICAS DE UM TUTOR

O tutor, ou líder de grupo, é a pessoa que faz contato ao mesmo tempo com o mestre e com o discípulo. É o responsável pelo aprendizado do discípulo e terá que prestar contas ao mestre.

Jesus nos deu a responsabilidade de ir pelo mundo todo fazendo discípulos e ensinando a eles o que o próprio Jesus nos ensinou. Como nós não somos mestres, mas apenas tutores, devemos ser fiéis ao que Cristo nos mandou ensinar.

Portanto, para ser um tutor ou líder, é preciso:

- Conhecer os ensinos do Mestre;

- Ser fiel à ordem do Mestre;

- Respeitar os discípulos do Mestre;

- Honrar o Mestre;

- Ser exemplo e modelo;

- Ser acessível e disponível.

10.5 O QUE ENSINAR?

Os grupos de discipulado possuem várias finalidades. Uma delas é fazer com que o novo crente conheça a comunidade cristã e se sinta entre irmãos. Por isso, há uma função social no grupo. No entanto, é preciso entender que discipulado não é uma simples reunião social.

São funções do discipulado:

- Apresentar uma nova forma de viver;

- Incentivar o envolvimento do novo crente;

- Ensinar os rudimentos da fé;

- Incentivar a presença na igreja;

- Encorajar para o uso dos dons e talentos;

- Despertar o voluntariado;

- Despertar o compromisso cristão;

- Incentivar o respeito à liderança cristã.

10.6 FORMAS DE DISCIPULADO

Já vimos o que é discipulado. Agora, vamos ver algumas técnicas usadas nas igrejas para realizar essa atividade.

10.7 ESCOLA BÍBLICA DOMINICAL

Talvez essa seja a principal, mais antiga e mais usada forma de discipulado. A EBD teve origem em 1757 por Robert Raikes (há variáveis desse tipo de ensino mais antigas) em Gloucester, na Inglaterra.

Características:

- É um estudo rápido, semanal, com duração aproximada de uma hora;

- Os alunos são distribuídos em classes por faixa etária ou por tipo de interesse e recebem estudos adequados a cada grupo;

- Geralmente os estudos acontecem na igreja;

- É fácil de monitorar e supervisionar.

Desvantagens:

- Pouco tempo semanal para estudos;

- Limitação ao espaço da igreja;

- Dificuldade para socialização;

- Falta de integração entre os alunos.

10.8 CÉLULAS G-12

Durante muito tempo o Movimento G-12 foi visto como um excelente modo de discipular pessoas e promover o crescimento das igrejas. Esse movimento apresentou pontos positivos e negativos:

Vantagens:

- Organização das pessoas em grupos para estudos bíblicos;

- Foco no crescimento espiritual;

- Estrutura bem organizada, visando manter o número de 12 pessoas por grupo;

- Metas bem definidas.

Desvantagens e problemas:

- O modelo foi importado de outro país e trouxe modos de pensar diferentes dos que aceitamos, inclusive algumas heresias;

- Misticismo, heresias, desvios doutrinários;

- Falta de respeito à estrutura das igrejas;

- Fragmentação das igrejas por meio da formação de lideranças paralelas.

10.9 VISÃO MDA

Como estratégia de discipulado, o MDA segue a visão sistêmica de igreja, onde o mais amplo é o reino, dentro dele está a igreja, dentro dela está a célula, dentro dela estão os discípulos.

As vantagens são grandes, pois é uma forma de organizar a membresia em pequenos grupos para estudos. Atualmente há muitas adaptações do MDA.

O problema está na tentativa de dizer que é uma visão fantástica, inovadora, excepcional. Durante o treinamento, corre-se o risco de importar não somente a estratégia de discipulado, mas também a forma de culto e os ensinos de quem está oferecendo o treinamento. E as heresias entram no pacote.

10.10 LAR DE PAZ

Na prática, é uma forma de discipulado, apesar de seus mentores dizerem que não. São realizados estudos na casa das pessoas para que elas se aprofundem no conhecimento cristão. Os estudos devem ser rápidos e objetivos. O foco está na restauração da família para Cristo. Os estudos são ministrados por grupos pequenos (geralmente dois discipuladores).

10.11 QUAL ESTRATÉGIA É MELHOR?

Não existe estratégia melhor ou pior. O que existe é presença ou ausência de planejamento, organização e perseverança. Nenhuma estratégia será boa se acabar sendo contaminada por práticas contrárias às escrituras.

Características de uma boa estratégia:

- Foco nos ensinos de Jesus;

- Fidelidade às escrituras;

- Reconhecer a diversidade das pessoas;

- Respeitar as diferenças;

- Respeitar a liberdade, dignidade e vontade das pessoas.

Defeitos de alguns modelos de estratégia:

- Pensar que é uma visão excepcional;

- Reproduzir e exportar modelos;

- Não respeitar as diferenças sociais;

- Levar heresias embutidas;

- Prometer demais;

- Criticar quem não adere ao modelo;

- Atribuir a "visão" a um líder iluminado.

10.12 BASE BÍBLICA

Além de ser um mandamento de Jesus, vemos na Bíblia muitos exemplos de discipulado. Jesus fazia isso usando várias estratégias. Ele ensinava multidões, ensinava individualmente, ensinava no templo, formou um grupo dos doze, formou grupos de dois.

Os apóstolos discipulavam nos lares, um a um, em pequenos grupos, nas praças, na academia de filósofos, no templo. Ao longo da história da igreja vemos que os modelos se reproduzem. Sempre houve compromisso em ensinar outros e formar discípulos.

10.13 COMO ORGANIZAR O DISCIPULADO

Não precisamos ficar presos a um modelo. Devemos ter em mente os princípios básicos do discipulado e definir a melhor forma de fazer isso dentro de nossa realidade.

Podemos inclusive ter várias estratégias em uso, uma complementando a outra. Por exemplo: podemos ter um grupo de discipulado familiar e realizar encontro de lar de paz com as pessoas que frequentam nossos grupos.

Podemos integrar os grupos à EBD, usar a EBD como estratégia para formar tutores para os grupos e vice-versa. Jesus usava estratégias diferentes para situações diferentes. Aprender com Jesus é sempre mais seguro.

O mundo de hoje está cheio de pessoa mais interessadas em si mesmas do que com a vontade de Deus. Se não ficarmos vigilantes, em vez de buscar estratégias para cumprir o IDE de Jesus, acabaremos alimentando o ego e a ganância de exploradores do evangelho. Portanto, vigilância é tudo.

Mas não devemos ficar tão desconfiados ao ponto de rejeitar o que existe de bom nessas técnicas que estão por aí. Basta usar as Escrituras como base, referência, termômetro para analisar tudo à luz do que Jesus nos ensinou.

A consequência de evangelizar é que as pessoas receberão nossa mensagem, e precisamos ter algo para elas quando nos procurarem perguntando: "o que devo fazer para que seja salvo?".

11 - PREGAÇÃO AO AR LIVRE

Há muitas formas de evangelizar. Já vimos que Jesus não usava somente uma estratégia, mas mudava seus métodos conforme a ocasião, visando sempre os melhores resultados. Na verdade, podemos dizer que Jesus é um grande estrategista.

Em vários momentos vemos Jesus erguendo a voz em locais públicos, anunciando o evangelho do Reino, seja para multidões ou para pequenos grupos de pessoas. Em alguns momentos, como no texto lido, Jesus se assenta formalmente para um longo momento de ensino. Em outros momentos, suas palavras são rápidas e incisivas.

Em muitos lugares, a pregação ao ar livre é a melhor forma de evangelizar, e muitas vezes, a única forma. Principalmente em lugares onde não há um templo, ou um grupo local de apoio. Há também situações onde o ajuntamento de pessoas é tão grande que se torna necessário usar grandes espaços abertos para evangelizar.

Evangelizar em público exige habilidade e preparação. É diferente de evangelizar no templo, onde as pessoas estão assentadas confortavelmente esperando pelo momento da mensagem. O evangelismo em público muitas vezes pega as pessoas desprevenidas, ou ocupadas com outras atividades. Por isso, é necessário tomar os cuidados que estudaremos neste texto.

11.1 POR QUE PREGAR AO AR LIVRE

Essa forma de pregação foi muito usada tanto no Antigo como no Novo Testamento. No AT, os profetas pregavam nas praças e outros lugares públicos, anunciando a mensagem de Deus. Moisés, Elias, Esdras usaram essa forma de pregação.

No Novo Testamento, Jesus, João Batista, Pedro, Paulo, Estevão e outros pregaram em lugares públicos, convidando o povo ao arrependimento. Quais as vantagens da pregação em público?

• As pessoas são surpreendidas pela ação do pregador;

• Em meio à multidão, pessoas que jamais iriam a uma igreja são alcançadas;

• É uma forma eficiente de lançar a rede ou semear em lugares improváveis;

• Permite evangelizar uma grande quantidade de pessoas ao mesmo tempo. Apesar disso, há cuidados que precisam ser tomados para que seja eficaz.

11.2 O ESPAÇO PÚBLICO

O que chamamos de pregação ao ar livre, na verdade, significa realizar cultos em espaço público. Há algumas coisas que precisam ser consideradas se desejamos realizar pregação ao ar livre.

11.3 É UM ESPAÇO DE TODOS

Temos que saber que o espaço público pertence a todos. Assim, não podemos tomar conta desse espaço como se fosse nosso e instalar bancos, serviço de som e começar a pregar. Da mesma forma que temos direito ao espaço, as outras pessoas também tem. Assim, pode ser que alguém se sinta incomodado e reclame por seus direitos.

Precisamos saber que no espaço público há todo tipo de pessoas. Muitas delas são tementes a Deus, mas há também aquelas que rejeitam todo tipo de religião e outras que se sentem ofendidas pela pregação pública de nossa fé. Muitos se voltam duramente contra a pregação do evangelho, pois acham que com isso estamos menosprezando sua fé.

Além disso, não podemos ficar aborrecidos se alguém resolver realizar uma manifestação pública bem em frente ao lugar onde estivermos pregando. São riscos que um pregador ao ar livre irá correr, e deve saber lidar com isso de forma decente.

11.4 DIREITO DE IR E VIR

A Constituição Brasileira garante a todo cidadã o direito de ir e vir. Assim, não podemos nos aglomerar em uma calçada ou em uma praça e impedir a livre circulação de pessoas. Sabemos que bares e lanchonetes obstruem calçadas e ninguém age.

Sabemos que lojas expõem seus produtos nas vias públicas e as autoridades muitas vezes ignoram. Sabemos que muitos grupos organizam manifestações congestionando o trânsito e fica por isso mesmo. Mas se a igreja agir dessa forma, logo aparece alguém para reclamar. A igreja precisa ser excelente em suas ações.

Portanto, se pretendemos realizar um culto em via pública ao ponto de congestionar as calçadas ou obstruir o trânsito, precisamos pedir autorização e proteção das autoridades. O passo a passo é: pedir autorização no órgão público da prefeitura responsável pela ordem urbana.

Pedir autorização dos Bombeiros, da companhia de trânsito, a proteção da Polícia Militar, tudo por ofício. Com isso em mãos, fazer a sinalização e realizar o culto. É importante, na abertura do ato, a-gradecer às autoridades pela autorização, o que deixa claro que essas providências foram adotadas.

11.5 LIBERDADE DE EXPRESSÃO

No Brasil, há um princípio legal de liberdade de expressão e de culto. Isso é um dispositivo que pesa a favor e contra. A favor, pois com base nesse princípio, podemos nos manifestar publicamen-te sem ser incomodados, desde que o façamos com cautela e com or-dem.

Pesa contra porque da mesma forma que temos direito livre ao culto e à expressão, outras pessoas também o tem. Assim, ao exercer nossa liberdade de culto e de expressão, não podemos invadir a li-berdade igual que outros grupos e religiões possuem. Temos que ter muito cuidado.

11.6 PREPARAÇÃO PARA O AR LIVRE

Pode parecer que Jesus chegava aos lugares onde passava meio de surpresa e ia improvisando o que fazer. Mas isso não é ver-dade. Tudo que Jesus fez foi cuidadosamente planejado.

Paulo também chegou em praça pública e falou sobre Jesus, mencionando o "Deus Desconhecido", parecendo que teve a ideia na hora. Mas vemos que Paulo já estava estudando a cultura daquele povo há muito tempo.

Da mesma forma, devemos planejar bem, treinar nossa equipe e preparar tudo antes de partir para a pregação ao ar livre. Conhecer as pessoas é importante antes de sair para evangelizar.

11.7 TREINAMENTO DA EQUIPE

Como já vimos, são muitos os cuidados a serem tomados. Portanto, não podemos sair para a pregação ao ar livre de qualquer maneira, pois isso resultará em problemas por imprudência.

A primeira coisa que devemos fazer é selecionar as pessoas que estarão conosco no culto ao ar livre. Depois disso, treinar cuidadosamente nossa equipe. Devemos pensar no que pode dar errado e preparar para lidar com todas as situações.

Algumas coisas que devem ser pensadas:

• Na segurança das crianças;

• No volume do som;

• Nos louvores que serão cantados;

• Na pregação.

• Na equipe de apoio e segurança;

• Na sinalização;

• Na forma como as pessoas estarão: sentadas ou em pé;

• No trânsito de veículos e pessoas.

11.8 ESCOLHA DO TEMA

O pregador de um culto ao ar livre deve ser uma pessoa experiente, de profundo conhecimento bíblico e teológico e de grande sabedoria espiritual. Conforme o tema ou a forma como fará a exposição do tema, pode contribuir para a glória de Deus ou para causar escândalos e fechar portas para o evangelho.

Portanto, o tema deve ser:

• A exposição simples e clara das escrituras, sem ofender ou agredir as pessoas;

• Falar sobre o pecado e o amor de Deus, de forma simples e piedosa;

• Anunciar que Jesus salva o homem e transforma a vida das pessoas;

• Falar sobre uma nova vida e sobre a esperança em Cristo Jesus.

11.9 TEMPO DE CULTO

O espaço público é um lugar por onde as pessoas passam. Por isso, raramente ficarão paradas esperando pela pregação. Assim, o tempo de culto deve ser rápido: dois louvores, dez minutos de pregação, oração e finalização.

11.10 REALIZAÇÃO DO APELO

Atualmente, as pessoas não fazem apelo nem nos cultos realizados dentro do tempo. Quanto mais em cultos ao ar livre. Na verdade, o ouvinte não deve sentir-se constrangido ou induzido a movimentar-se em direção ao pregador. Isso costuma inibir as pessoas e afastá-las da igreja.

Apesar disso, é importante convidar as pessoas, não para se converterem e se unirem a nossa igreja, mas para uma reflexão sincera sobre sua vida e sobre o arrependimento de seus pecados e a volta para os braços de Cristo. Faça uma oração final entregando as pessoas a Jesus.

11.11 AUMENTAR OS RESULTADOS

Parece frustrante ter tanto trabalho para um culto tão rápido, mas algumas ações podem ser realizadas para aumentar os efeitos de um culto ao ar livre.

Uma equipe bem preparada pode agir nos bastidores, enquanto o culto se desenrola, e levar a resultados excelentes.

Algumas ações para otimizar o culto ao ar livre:

• Se estiver fazendo sol quente, oferecer sombra às pessoas, principalmente as mais idosas que estiverem paradas assistindo. Usar guarda-sol ou sombrinhas.

• Oferecer água gelada em copos descartáveis a quem estiver assistindo. Ter um carro com isopor cheio de copinhos de água.

• Entregar folhetos evangelísticos àqueles que estiverem mais distantes;

• Estar uniformizados com camisas indicando o nome da igreja;

• Ter faixas identificando a igreja.

11.12 FOLHETOS

A igreja deve providenciar folhetos evangelísticos devidamente carimbados, com o endereço da igreja, para esses atos de evangelismo. Os folhetos são úteis durante o culto ao ar livre e também ao convidar para atividades na igreja ou ação social.

Outra estratégia é distribuir um cartão de visita com os dados da igreja, como endereço, telefone e horários de culto. Precisamos providenciar esse material e ter sempre à disposição para usar nos atos de evangelismo.

11.13 ABORDAGEM

A abordagem das pessoas durante um culto ao ar livre deve ser cuidadosamente planejada. Se a equipe estiver uniformizada e identificada, será fácil perceber quem deseja ser abordado. Basta olhar para as pessoas de forma receptiva e elas sinalizarão de forma positiva, abrindo espaço para entrega de material e convite para o culto.

Deve-se entregar o material (água, impressos, convites) e agradecer gentilmente pela atenção e seguir em frente. Se as pessoas pedirem informação, uma segunda pessoa deve se aproximar para apresentar as informações em duplas. Isso evita problemas como assédio e outros.

Tudo que fazemos deve ocorrer com decência e ordem. No caso do culto público, isso é uma grade verdade. A falta de ordem pode prejudicar seriamente um trabalho difícil de organizar e de realizar.

Portanto, essa é mais uma forma de evangelizo que quase não se vê mais nos dias de hoje, mas que pode ser de grande potencial para anunciar o reino de Deus e para o crescimento da igreja.

12 - PREGAÇÃO NOS LARES

A pregação nos lares é uma das formas de evangelismo mais antigas, e talvez a mais praticada em todo o mundo. Algumas igrejas nascem e crescem dessa forma. Afinal, se uma família alcançada por Jesus abre espaço para realizarmos cultos em sua casa, nada mais lógico que aproveitar esse espaço para levar Jesus a outras pessoas.

Jesus várias vezes esteve na casa das pessoas com o objetivo de proclamar o reino de Deus. Ele esteve na casa de pecadores, sendo criticado por isso, curou pessoas enquanto evangelizava nas casas, foi recebido em festas, jantares e outras ocasiões na casa de seus discípulos e amigos, se apresentou em cultos nas casas depois de ressuscitado, etc.

Os apóstolos também realizavam cultos nas casas com frequência. Essa era a principal estratégia na igreja primitiva. Pedro foi à casa de Cornélio, à casa de Maria. Paulo foi à casa de Lídia, de Priscila e Áquila, de Timóteo, na casa onde ressuscitou Êutico (At 20.7-11) e muitos outros.

Nem sempre é possível ter acesso à casa das pessoas na atualidade. A rotina das famílias dificulta que todos estejam em casa ao mesmo tempo. Muitos moram em condomínios, outros são resistentes a receberem visitas. Mas sempre que possível, deve-se evangelizar nos lares das pessoas.

12.1 POR QUE O CULTO NOS LARES

O culto nos lares é de extrema importância para a igreja. A primeira razão disso é que quando a família recebe a igreja para um culto, está abrindo as portas da comunidade para o evangelho. A família é a estrutura mais básica de uma comunidade, e chegar até ela, abre muitas portas para levar o reino de Deus a um povo.

É possível listar algumas razões para a importância do culto nos lares:

- A comunidade conhece a família, mas não conhece a igreja;
- A comunidade confia na família;
- A comunidade tem laços de amizade com a família;
- É mais fácil levar alguém a uma casa de amigos do que à igreja;
- O ambiente familiar é mais acolhedor que o ambiente de uma igreja;
- A comunidade tem respeito pelo chefe de uma família.

Por isso devemos fazer culto nos lares.

12.2 EVANGELISMO NOS LARES

O evangelismo nos lares vem sendo usado como estratégia para plantação e crescimento de igrejas. Os modelos usados atualmente para discipulado muitas vezes envolvem o culto nos lares. Isso porque no lar onde habita uma família cristã já há uma igreja em funcionamento. Quem mora longe do templo e é realmente convertido, costuma receber os cultos de bom grado.

12.3 PLANTAÇÃO DE IGREJAS

Muitas denominações usam o culto nos lares como estratégia fundamental para iniciar novas igrejas. Procura-se uma família de membros da igreja e que esteja morando na região definida como estratégica para a nova igreja e, a partir dela, se iniciam as reuniões, que mais tarde se transformarão em uma nova igreja.

Essa estratégia vem sendo usada desde a igreja primitiva. Paulo usou esse método para plantar igrejas por toda a Ásia e a Grécia. Até mesmo em Roma, Paulo alugou uma casa onde passou a morar e ali iniciou reuniões de pregação da palavra de Deus.

A realização de culto nos lares deu origem á maior parte das igrejas existentes atualmente. Em alguns casos, algumas igrejas nem mesmo se preocupam com a construção de templos, usando a estratégia de culto nos lares como a única forma de organização.

Em alguns países, onde a liberdade de culto é restrita, as pessoas se reúnem nas casas para realizar seus cultos. Isso ocorre, por exemplo, em países islâmicos ou comunistas. No Brasil, durante a ditadura militar, até mesmo as reuniões na casa das pessoas chegou a ser controlada, dificultando os cultos nos lares.

12.4 CELEBRAÇÃO

Um dos motivos para realizar culto nos lares é permitir que a igreja possa celebrar com a família suas vitórias e conquistas. Por isso, é muito comum a realização de cultos para comemorar aniversários, formaturas, casamentos, promoções no trabalho, dentre outras conquistas.

A Bíblia nos ensina a se alegrar com os que estão felizes e chorar com os que estão chorando. Por isso, é mais que natural que as pessoas queiram comemorar suas conquistas na companhia da igreja, em um culto de gratidão a Deus.

Os cultos nas casas também podem ser motivados por coisas tristes. Quando uma família está passando por necessidade, é comum convidar a igreja para cultuar em sua casa e buscar o socorro de Deus. A presença da igreja leva conforto e esperança para quem está lidando com dificuldades. Se a dificuldade for financeira, a igreja não deve ir de mãos vazias.

Foi isso que aconteceu na casa de Maria, mãe de João Marcos, quando Pedro estava preso a ponto de ser executado. Toda a igreja se reuniu na casa de Maria para um culto de oração.

12.5 COMUNHÃO

Outro motivo para o culto nos lares é aprofundar a comunhão entre os irmãos. Ao se reunirem na casa uns dos outros, as pessoas podem se conhecer melhor, compartilhar das vitórias e desafios dos irmãos. O culto nos lares incentiva a ajuda mútua, a colaboração, a oração uns pelos outros.

A igreja primitiva tinha o hábito de realizar jantares comemorativos na casa dos cristãos. Diz o texto que eles tinham tudo em comum, e partiam o pão de casa em casa.

12.6 BENEFÍCIO DO CULTO NOS LARES

O culto nos lares possui benefícios para a igreja e para as pessoas da casa. Para a igreja, já vimos que é uma excelente roam de evangelização, com potencial para gerar crescimento e alcançar pessoas para o reino de Deus.

Para as famílias também há uma série de benefícios, pois somos seres sociais e nos sentimos felizes em ter pessoas por perto. Ter visitas em casa pode ser muito prazeroso e fortalece nossos vínculos com os irmãos.

12.7 BENEFÍCIOS PARA A IGREJA

O culto nos lares é uma oportunidade para:

• Aproximar mais as pessoas e fazer com que a alegria e as tristezas de um sejam sentidos por toda a comunidade cristã;

• Permitir que a igreja saiba onde e em que condições as pessoas que a frequentam está vivendo;

• Fortalecer a comunhão entre as pessoas;

• Abrir espaço para a evangelização;

• Mostrar para a comunidade que naquele lar vive uma família cristã;

• Aproximar a família de seus vizinhos.

Portanto, há muitas razões para fortalecer essa forma de culto em nossas igrejas.

12.8 PARA A FAMÍLIA

A família que recebe a igreja em sua casa para realização de cultos é grandemente beneficiada com:

• Torna-se uma casa onde a palavra de Deus é pregada;

• É abençoada pela realização de um culto no ambiente de sua família;

• Tem a oportunidade de dividir sua alegria e suas tristezas com a igreja;

• Mostra para seus amigos e vizinhos que faz parte de algo

grande, que é o Reino de Deus.

Portanto, receber a igreja em sua casa é motivo de grande alegria para o crente verdadeiro. O desconforto de interromper a rotina, a desordem temporária são compensados pela alegria e comunhão que nasce da presença dos irmãos.

Vemos, portanto, que realizar cultos nos lares é algo relevante para a igreja, para as famílias e para o crescimento do reino de Deus. Vemos ainda que essa prática tem respaldo bíblico e que o próprio Jesus tinha o hábito de se reunir na casa das pessoas, da mesma forma que os apóstolos também faziam.

Vemos que isso é importante para o crescimento da igreja e para permitir que pessoas sejam alcançadas pelo evangelho. Portanto, devemos nos preparar e investir mais nessa atividade.

13 - EVANGELIZAÇÃO EM VISITAS

Visitar a casa das pessoas para evangelizar é uma das estratégias mais antigas de proclamação do reino de Deus. Jesus usou essa estratégia quando instituiu a Grande Comissão, enviando 70 discípulos de dois em dois para visitar as casas e proclamar o Evangelho.

O projeto Lar de Paz, que já estudamos, é uma forma de adaptar esse modelo ao evangelismo de casa em casa, com a diferença de que o grupo de dois se fixa em uma casa por um determinado número de dias ou semanas.

Esse modelo de evangelismo encontra muita resistência devido ao trabalho insistente de alguns grupos religiosos, que percorrem as casas exatamente com essa missão: difundir seus ensinos.

Apesar da resistência e das dificuldades que o modelo envolve, há espaço para usar essa estratégia, que em alguns lugares, pode ser bem sucedida. Neste texto vamos estudar os benefícios e desafios do evangelismo de casa em casa, destacando o que fazer para obter sucesso.

Ir até as pessoas é um desafio para a igreja de hoje. Muitas vezes, a igreja se prepara para receber bem as visitas, mas não treina sua equipe para ir ao local onde as pessoas estão, seja em suas casas, local de trabalho, de estudo ou convivência.

13.1 EVANGELISMO NAS CASAS

O evangelismo nas casas é realizado normalmente em duplas. A vantagem de sair em grupos de dois é evidente. Duas pessoas são mais confiáveis que uma só, o que facilita a aceitação. Além disso, um apóia o outro e ajuda a superar os obstáculos.

Na atualidade, as visitas nas casas devem ser rápidas e objetivas. A mensagem deve ser direta, levando a pessoa a refletir sobre o pecado e apresentando a solução em Cristo Jesus.

Basicamente, deve-se fazer o seguinte:

- Aproximar-se e cumprimentar as pessoas;
- Pedir licença para apresentar o evangelho;
- Entregar material impresso e falar sobre ele;
- Falar sobre os problemas humanos;
- Associar os problemas ao pecado humano;
- Apresentar a libertação em Cristo;
- Ler as Escrituras;
- Fazer um apelo (convite ao arrependimento);
- Orar com a pessoa.

Muitas vezes, a recusa em receber visita não tem ligação com a resistência das pessoas, mas com a forma como as visitas estão sendo feitas. Em muitas casas, é inconveniente falar alto, cantar, usar instrumentos, bater palmas.

13.2 DESAFIOS DESSA ESTRATÉGIA

Um dos maiores desafios para o evangelismo nos lares é a resistência das pessoas à visita de estranhos em sua casa. A violência, a ação de pessoas com segundas intenções, o descrédito em relação a evangélicos e a grupos que abusam desse recurso de evangelismo são algumas dessas razões.

Para vencer essa resistência, é necessário adotar algumas medidas básicas:

• Selecionar cuidadosamente as pessoas que farão esse tipo de evangelismo;

• Treinar muito bem as pessoas;

• Adotar uma identidade visual;

• Tomar cuidado com a aparência;

• Evitar ações que lembrem os TJ;

• Preparar material adequado a esse tipo de evangelismo.

13.3 INVIOLABILIDADE DO LAR

As pessoas têm o direito de aceitar ou rejeitar uma visita. Por isso, ao chegar em uma casa, é importante pedir licença ainda do lado de fora. Não se pode entrar nas casas e achar que as pessoas são obrigadas a aceitar.

Em alguns lugares, a porta das casas abre-se diretamente para a rua, ou para um quintal sem muros. Nesse caso, deve-se bater palmas para chamar os moradores ou, se eles já estiverem visíveis, perguntar se aceitam uma visita.

A primeira coisa que o evangelizador deve fazer é se identificar. Diga o nome, de qual igreja é membro e o que deseja fazer. Depois de se identificar, uma boa forma de pedir licença é dizer: "eu posso entrar para ler um texto bíblico e orar com vocês?".

Se for autorizada a entrada, deve-se permanecer no cômodo onde foi recebido, normalmente a varanda da casa ou a sala. Não se deve entrar casa adentro, a menos que seja convidado.

Nas comunidades rurais, ou quando a pessoa é conhecida, costuma-se chamar para a cozinha. Nesse caso, deve-se seguir o dono da casa. Quando há pessoas enfermas, idosos acamados, as pessoas costumam levar os visitantes até o quarto. Deve-se entrar com cuidado e seguir o dono da casa.

Há vários comportamentos que devem ser observados em uma visita domiciliar, que precisam ser ensinados e discutidos no treinamento de evangelizadores.

13.4 HORÁRIO PARA VISITAS

Atualmente as pessoas costumam estar fora de casa para trabalhar durante o dia. Normalmente, marido e esposa trabalham fora. Não se deve visitar uma casa onde só estão crianças e adolescentes, sem os pais.

Domingo à tarde as pessoas costumam assistir futebol na TV, e não gostam de ser incomodadas. À noite, as pessoas costumam assistir novelas. É um desafio descobrir horários que as pessoas podem receber visitas.

13.5 QUANDO DESISTIR DA VISITA

As pessoas têm direito de dizer se querem ou não receber visitas. Se elas disserem que não querem, deve-se agradecer gentilmente e seguir para outra casa. O evangelizador deve estar preparado até mesmo para receber indultos. Se isso acontecer, não deve reagir. Só agradecer e ir embora.

Sabemos que o ato de evangelismo ocorre em um ambiente de confronto espiritual. É preciso ter maturidade espiritual para diferenciar a resistência maligna da liberdade individual das pessoas.

13.6 PRINCIPAIS DIFICULDADES

Quase nunca o evangelizador será bem recebido. É preciso ter em mente que evangelizar é invadir o reino das trevas para levar o reino de Deus. No entanto, muitas formas de resistência são próprias do local onde se pretende evangelizar.

13.7 CONDOMÍNIOS

As pessoas que moram em condomínios normalmente são muito cuidadosas com a segurança. Por isso, não adianta bater palmas na porta de um prédio ou de um condomínio fechado. Não deixarão o evangelista entrar.

A única forma de entrar em um condomínio é sendo convidado por alguém que mora lá. Por isso, quando um crente muda-se para um condomínio, pode organizar uma reunião em sua casa e convidar os vizinhos para ouvir o evangelho. Ou pode levar os evangelistas até a casa de seus amigos no prédio.

13.8 EMPRESAS

As empresas são ambientes de propriedade particular. O empresário pode aceitar ou não que seus empregados parem para ouvir uma palavra de evangelismo.

Deve-se visitar o empresário com antecedência e apresentar a ele um plano de evangelismo, mostrando as vantagens para os empregados e para a empresa. Há muitos argumentos que podem ser usados para isso. É necessário treinar muito bem quem pretende evangelizar nas empresas.

Se for bem planejado, esse tipo de evangelismo vai encontrar espaços preciosos. A palavra deve ser rápida, objetiva e muito bem escolhida. Normalmente, antes de iniciar o dia de trabalho, os empresários cedem dez minutos para um momento devocional.

Nas grandes empresas, costuma-se fazer ações de prevenção de acidentes antes do expediente. Um evangelista bem treinado pode transformar esses espaços em excelentes oportunidades de evangelismo, trabalhando a questão motivacional, relacional luz das Escrituras.

Algumas empresas usam a espiritualidade como estratégia para a prevenção da ansiedade e stress. Deve-se fazer um projeto e convencer o empresário sobre a importância desse trabalho. Ter uma equipe espiritualmente equilibrada é vantajoso para os relacionamentos profissionais e para a produtividade em uma empresa.

13.9 LOCAIS PÚBLICOS

Há vários tipos de locais públicos, como praças, ruas, calçadas, jardins, praias, repartições públicas, transporte coletivo. É possível evangelizar em todos esses locais, desde que seja adotada a estratégia certa.

Deve-se evitar aglomeração de pessoas, uso de som alto, cultos prolongados, invasão da privacidade das pessoas. No entanto, com planejamento e estratégia pode-se fazer excelentes trabalhos de evangelismo nesses locais.

A abordagem de pessoas em espaços públicos deve ser cuidadosa, respeitosa e criteriosa. O evangelizador deve estar bem vestido, ter boa aparência, ser gentil, sorrir, ser educado.

No transporte coletivo, por exemplo, deve-se ser rápido, não passando de um minuto, ter uma palavra de esperança. Se for evangelizar um vizinho de poltrona, deve-se primeiro iniciar uma conversa descontraída.

13.10 NAS REPARTIÇÕES PÚBLICAS

Muitas repartições públicas abrem espaço para evangelização. Da mesma forma que as empresas, é preciso apresentar um projeto ao diretor e convencê-lo da importância da espiritualidade para a vida das pessoas.

Se houver um grande número de evangélicos, pode-se organizar um culto uma vez por semana, por exemplo, em ações de evangelismo direto. Caso não haja, o evangelista pode embutir a mensagem em ações educativas e entrar aos poucos, de forma indireta.

No evangelismo indireto, não se faz um culto. Organiza-se uma palestra, dinâmica ou apresentação de impressos e audiovisuais. Com muita habilidade, pode-se ler um texto bíblico e até fazer uma oração. É preciso lembrar-se que o estado brasileiro é laico, por isso, deve-se respeitar a liberdade de crença e de expressão das pessoas.

13.11 ÓRGÃOS PÚBLICOS

Unidades de saúde e escolas são excelentes locais para evangelização, desde que seja feito um bom projeto e sejam tomados os devidos cuidados. Sempre é necessário obter autorização dos diretores.

Devidamente autorizado, o evangelista pode entrar nas unidades de saúde ou escolas e realizar ações junto ao público dessas repartições. Se não for autorizado, nada impede que um evangelista distribua material na fila ou na porta de uma unidade. Nesse caso, deve se comportar como no evangelismo de rua e se preparar para todo tipo de situação, como rejeição ou até mesmo intervenção de guardas e policiais.

13.12 ESCOLAS

Além de ações na porta das escolas, um evangelista pode entrar na sala de aula e fazer seu trabalho com o apoio de professores. Para isso, deve fazer um projeto com temas que sejam de interesse da escola como prevenção de acidentes, educação em saúde, promoção da paz, combate ao bullying, combate às drogas, ética, etc.

As escolas se interessam por esses temas. Deve-se ter uma equipe altamente treinada para isso, com um bom palestrante, alguém para tocar violão e cantar, bom material, brindes, audiovisuais. As palestras devem ser rápidas: não mais de dez minutos. Dá para falar do amor de Deus, ler textos bíblicos e cantar louvores.

Ficou claro que evangelizar não é uma coisa fácil. É preciso preparação, planejamento, habilidade e muita comunhão com Deus e amor ao próximo. São muitas as dificuldades para o evangelista, mas todas elas podem ser superadas com planejamento, treinamento e muita disposição.

14 - EVANGELIZAÇÃO COMO MISSÃO DE DEUS

A igreja precisa atuar de tal forma que sua ação no mundo resulte no cumprimento da *Missio Dei*, ou seja, colocar em prática na terra um propósito que se origina no coração de Deus. Um dos primeiros autores a falar sobre esse conceito foi Karl Barth Conferência Missionária de Brandemburgo, na Alemanha, em 1932. Posteriormente, na Conferência de Willingen em 1952 a discussão sobre a missão da igreja a partir da vontade de Deus, como forma de implementar um plano missionário de Deus, chega ao auge (CHRISTOPHER & WRIGHT, 2014).

Deve-se pensar que o plano de Deus para a igreja envolve a salvação do homem em todos os sentidos, livrando-o da morte no pecado para uma vida plena no reino de Deus e, em consequência disso, fazer surgir uma fé operosa, que não se acomoda diante do sofrimento pessoal, familiar, social e econômico das pessoas. Há uma infinidade de textos bíblicos que apontam a prática do amor para com o próximo como característica de um crente verdadeiro.

O grande desafio para a igreja missional de hoje é conciliar de forma equilibrada o ato de evangelizar às ações sociais. Deve-se tomar o cuidado de não transformar a igreja em uma ONG, mas também não se pode falar do amor de Deus e permanecer indiferente ao sofrimento humano. A mensagem do evangelho, conforme apresentada no Novo Testamento, leva ao novo nascimento, mas também leva à comunhão, ao relacionamento de reciprocidade, onde os nascidos de novo edificam uns aos outros, em todos os sentidos (GOHEEN, 2014).

14.1 EVANGELIZAÇÃO E AÇÃO SOCIAL

Evangelizar, do ponto de vista bíblico, é expor as pessoas às boas novas de salvação, de tal forma que endentam que fora de Jesus estão e continuarão perdidas. Diante dessa mensagem, o Espírito Santo age no coração do pecador, de modo que ele possa entender a palavra do evangelho e render-se a Deus, sendo assim salvo (KELLER, 2014).

Mas, o que significa ser um salvo? A salvação provoca na vida da pessoa uma mudança tão radical que Jesus chamou de novo nascimento. Sobre isso, Paulo disse que ocorre uma morte para a natureza antiga e uma vida plena em Cristo Jesus. Entre os efeitos da salvação está o amor incondicional para com as pessoas. Tiago afirma que esse amor se apresenta externamente em forma de boas obras. João afirma que negligenciar o amor para com o próximo significa que a pessoa não conhece a Deus.

Portanto, a prática de ações sociais, o ato de estender a mão ao faminto, ao desabrigado, ao doente, é algo natural àquele que foi alcançado pelo novo nascimento. A vida de Jesus está repleta de situações de interação social, o que mostra a necessidade de reconstrução de uma cultura de respeito ao outro e de promoção de relações saudáveis (DEL PRETTE, 2011).

Jesus viveu inteiramente integrado à sociedade de seu tempo, participando das reuniões religiosas, das festividades sociais, dos embates e confrontos entre a religião e a vida prática das pessoas. Percebe-se Jesus preocupado com a segurança, o conforto e até mesmo com a provisão de alimentos para as pessoas. Jesus não negligenciou a problemática social. Pelo contrário, ensinou seus discípulos a lidarem de forma equilibrada com a questão social, combatendo os extremos (RAINER & GEIGER, 2012).

Ao longo da história a igreja cristã esteve sempre se envolvendo com a questão social. Na história recente, percebe-se o compromisso social de igrejas evangélicas, que adotaram a tríade "igreja hospital e escola" em suas ações missionárias, dando origem a instituições como os hospitais evangélicos, universidades evangélicas, casas de recuperação, asilos, orfanatos, dentre outros.

Mesmo quando a igreja não se envolve institucionalmente em projetos sociais, a prática do amor pelo próximo faz com que o crente salvo se importe com o sofrimento alheio, levando as pessoas a dividirem o pão, apoiarem os que estão sofrendo, repartir objetos de uso pessoal, como fazia a igreja primitiva.

14.2 A IGREJA NA MISSÃO DE DEUS

A igreja foi instituída por Jesus como instrumento de evangelização. Ao criá-la, Jesus afirmou que se tratava de uma representação mística de seu corpo, fundamentada sobre ele mesmo, com poderes que não poderiam ser suplantados pelo inferno. Ao definir que seus discípulos seriam parte integrante da igreja, em união perfeita consigo mesmo, Jesus estabelece a missão da igreja: evangelizar o mundo e reproduzir o ensino que ele próprio havia iniciado (Mc 16).

Entender isso coloca a igreja em um papel extensivo da missão do próprio Cristo, o que não contradiz o conceito da centralidade e unicidade de Jesus no plano da salvação. A igreja, quando envolve-se no ato de evangelizar, está colocando em prática a ordem de Jesus, implantando o reino de Deus. Portanto, está desenvolvendo uma missão que pertence a Deus (KELLER, 2014).

O cristianismo sempre teve as questões sociais no centro de sua atenção, o que pode ser percebido na vida da igreja primitiva, nos pais da igreja e durante a Reforma. Calvino esteve profundamente comprometido com a questão social. Calvino foi um humanista. E o foi no seu mais alto grau porque, ao conhecimento natural do ser humano pelo próprio ser humano, acrescentou, sem confundir, o conhecimento do ser humano que Deus revela à sua criatura através de Jesus Cristo.

Tiago aponta que não basta uma abordagem puramente espiritual para sanear o sofrimento humano, mostrando que é necessário lançar mão de ações práticas. Não basta dizer "Deus te abençoe" e abandonar a pessoa a sua própria sorte (Tg 2.17-18). Portanto, a igreja não pode perder de vista sua função primordial, que é reconciliar o homem com Deus por meio da redenção em Cristo Jesus. No entanto, essa reconciliação com Deus deve ser materializada no amor cristão, tão amplamente exposto nas escrituras (STETZER, 2015).

Os representantes de quase 150 países que participaram do Congresso Internacional de Evangelização Mundial, em Lausane, demonstram no relatório final que a igreja tem compromisso com a evangelização, mas também tem compromisso com a ação social, o que envolve o resgate daqueles que estão em situação de risco social, que são politicamente oprimidos ou culturalmente excluídos. Destacou que evangelização e ação social são atividades complementares.

Stott segue a mesma lógica quando afirma que como aconteceu no ministério público de Jesus, estas duas realidades (evangelização e ação social) são inseparáveis, pelo menos nas sociedades livres, e raramente teremos de optar entre uma e outra. Em lugar de estarem em competição, elas se sustentam e fortalecem mutuamente, numa espiral ascendente de preocupação crescente (STOTT, 1983)

Geisler (1985) associa a indiferença da igreja ao "homem total" como uma adaptação do pensamento platônico não-cristão sobre a dualidade do ser humano. Afirma que "Esta ênfase foi dirigida pelos cristãos na Idade Média e tem sido transmitida para o presente". O platonismo defende que o ser humano é essencialmente espiritual, funcionando em um corpo que essencialmente é mau e impede a expressão plena do espírito. Esse pensamento foi duramente refutado por Paulo (Rm 12.1, I Co 6.19).

Ao cumprir sua missão social, a igreja torna-se expressão da vontade de Deus para com a humanidade. Transforma-se em sal da terra e luz do mundo, conforme orientou Jesus (Mt 5.13-14). Se a igreja se omitir diante das mazelas sociais, estará em conflito com os interesses de Deus claramente expressos nas Escrituras (Sl 140.12).

Carriker (1992) ressalta que Deus age na história e realiza seus planos no contexto histórico. Para ele, Deus é pessoal e age nos eventos e experiências concretas da vida das pessoas. Deus não é somente transcendente, existindo em um plano místico. Ele atuou no êxodo, no dilúvio e no cativeiro no Velho Testamento.

Na atualidade a igreja tem uma atuação social limitada em função da influência histórica, da falta de conhecimento acumulado e experiência na área social e principalmente por falta de preparação técnica dos pastores e líderes para a implantação e gestão de projetos sociais na igreja.

Dessa forma, há um amplo campo de possibilidades para a atuação da igreja na área social, com muitas configurações possíveis para os projetos sociais. Permitiu também perceber que há muitas formas de captação de recursos para projetos sociais.

Além da necessidade social por serviços em todas as esferas de atuação pública, há interesse do poder público em terceirizar serviços ou de buscar parcerias com a iniciativa privada. O poder público entende que com isso é possível alcançar maior eficiência na gestão dos recursos, além de aproximar os serviços das comunidades a que se destinam.

Há também uma crescente busca pela construção ou restauração da imagem de empresas e de empresários, que desejam associar seus nomes a projetos de relevância social. Pessoas bem sucedidas desejam investir parte de seus recursos em projetos sociais, desde que possam ter como retorno a certeza de que contribuíram para a paz e para a justiça social.

Fica evidente que a missão da igreja não se limita à prática de ações sociais, mas não pode negligenciar esse papel, que é parte integrante da ordem de Jesus. Combatidos os excessos, é necessário que a igreja resgate hoje uma função histórica de conciliar evangelismo com ação social, cumprindo assim a missão que recebeu de Deus.

REFERÊNCIAS

AKINS, Thomas Wade. **Evangelismo pioneiro: implantação de novas igrejas auto-suficientes usando os métodos do Novo Testamento.** Rio de Janeiro: JMN, 1999.

ARANTES, Paulo Correa. **A evangelização e a soberania de Deus.** São Paulo: Cultura Cristã, 2002.

BAUMAN, Zygmunt. **Modernidade Líquida.** Tradução: Plínio Dentzien. Rio de Janeiro: Zahar, 2003.

CARRIKER, C. Timóteo. **Missão integral: Uma teologia bíblica.** São Paulo: Editora Sepal, 1992.

CÉSAR, Elben Magalhães Lenz. **História da Evangelização do Brasil.** Viçosa: Ultimato, 2018.

CHRISTOPHER J. H. WRIGHT. **A Missão de Deus: desvendando a grande narrativa da Bíblia.** São Paulo: Vida Nova, 2014.

COTTA, Ricardo. **Defendendo a igreja evangélica.** Belo Horizonte: Betânia, 1998.

GEISLER, Norman L. **Ética cristã: Alternativas e questões contemporâneas.** São Paulo: Vida Nova, 1985.

GOHEEN , Michael W. **A igreja missional na Bíblia: luz para as nações.** São Paulo: Vida Nova, 2014.

KELLER, Timothy. **Igreja centrada: desenvolvendo em sua cidade um ministério equilibrado e centrado no evangelho.** São Paulo: Vida Nova, 2014.

KELLER, Timothy. **Igreja Centrada**: desenvolvendo em sua cidade um ministério equilibrado e centrado no evangelho – São Paulo: Vida Nova, 2014.

KELLER, Timothy. **Misericórdia: O chamado para a estrada de Jericó.** São Paulo: Vida, 2016.

RAINER, Thom S. & GEIGER, Eric. **Igreja Simples.** Brasília: Editora Palavra, 2012,

RAINER, Thom. Effective evangelistic churches. **Igrejas Evangelisticamente Eficazes.** Nashville, TN: Broadman & Holman Publishers, 1996

SCHAFER, Jack. **Manual de persuasão do FBI**. São Paulo: Universo dos Livros, 2015.

SILVA, Antonio Gilberto da. **A Prática do evangelismo pessoal.** Rio de Janeiro: CPAD, 1983.

STETZER, Ed. **Plantando Igrejas Missionais: Como plantar igrejas bíblicas, saudáveis e relevantes à cultura.** São Paulo: Vida Nova, 2015.

STOTT, John R. W. **O cristão em uma sociedade não cristã.** Niterói: Vinde, 1989.

STOTT, John. **Ouça o Espírito, ouça o mundo.** São Paulo: ABU Editora, 2005.

STTOT, John. **A missão cristã no mundo moderno.** Viçosa, MG: Ultimato, 2010.

WRIGHT, Christopher J. H. **A missão de Deus**: desvendando a grande narrativa da Bíblia. São Paulo: Vida Nova, 2014.